COMME UN POISSON SANS EAU

Pierre Richard

COMME UN POISSON SANS EAU

Détournement de mémoires

Ouvrage réalisé avec la collaboration
et sous la direction de Christophe Duthuron

Collection
le sens de l'humour

le cherche midi

23, rue du Cherche-Midi 75006 Paris.

Vous pouvez consulter notre catalogue général et l'annonce
de nos prochaines parutions sur notre site Internet :
cherche-midi.com

CHAPITRE PREMIER

Un peu d'histoire

« Valenciennes, 1933.

Maurice Defays rencontre Madeleine Paolassini…

Abusés par le titre du récent best-seller d'Aldous Huxley, ils envisagent de mettre au "meilleur des mondes" un enfant pour sceller leur union…

L'Histoire est en marche, "il" va venir…

« La nouvelle se propage…

Le 17 janvier 1934, Bonnie and Clyde, fous de joie, tombent dans une embuscade grossière en allant s'acheter une bouteille de champagne pour célébrer l'événement.

Le 10 février, Marie Curie, considérant que la relève est assurée, se laisse mourir… au grand désarroi de ses enfants… dont la découverte de la radioactivité artificielle passe dans l'indifférence générale.

Mais ils ne sont pas les seuls à se sentir floués par cette naissance qui excite évidemment toutes les convoitises : le 1er avril, Violette Nozières, jalouse de ne pas être l'élue à la place de l'élu, assassine ses parents qu'elle tient pour responsables de ce rendez-vous manqué avec l'Histoire.

Gandhi lui-même, vexé par ce qu'il qualifiera de concurrence déloyale, entame en mai une grève de la faim.

Rien n'y fait, Madeleine est déterminée.

« La force de caractère de la future maman impressionne le monde, et la scène géopolitique se met en ébullition.

Mao Zedong, pressentant que la confrontation du livre rouge avec la chaussure noire serait par trop inégale, décide d'interrompre la révolution pour entamer la Longue Marche.

Hitler, voyant dans cette nouvelle un danger pour ses ambitions, prend aussitôt le pouvoir… Madeleine, prudente, décide que son fils sera blond aux yeux bleus.

Aux États-Unis, Roosevelt répond par son “New Deal” à la “nouvelle donne” qui s'annonce, et propose d'ouvrir l'Empire State Building pour fêter ça…

Bien que trouvant le monument un peu chiche, Madeleine y consent…

« Ne supportant plus la pression qui entoure la naissance de son fils, Maurice Defays se refuse à jouer les Joseph du XXe siècle. Il se sépare de Madeleine avant la naissance de l'enfant.

Qu'à cela ne tienne, la France crée alors, pour lui, les allocations familiales.

« Fort de cette décision, un grand mouvement populaire se propose de continuer à améliorer le contexte planétaire pour faciliter la vie au nouveau venu.

“Il faut se retrousser les manches, bon sang, il va arriver d'un jour à l'autre !” clame Stakhanov au Soviet suprême, invitant par là à l'exploit productif…

« Très vite, l'appel est entendu et chacun y va de son invention.

Les Lego, le Yo-Yo, et les chocos BN font leur apparition pour adoucir sa scolarité…

Voyant les choses à plus long terme, les États-Unis décident plutôt de supprimer la prohibition.

« Il aura besoin de couverture médiatique ?… Kodak invente la photo couleur pour mettre en valeur l'insondable turquoise de ses yeux azurés ; et voici qu'arrive le premier tube cathodique, acte de naissance de la télévision, pour que nul ne puisse ignorer l'événement…

Il sera sollicité partout dans le monde ?... On lui crée Air France, et Boeing invente l'avion réservé aux seuls passagers.

« Et en parlant d'avion, les rumeurs et pronostics vont bon train...

Madeleine rêve d'un fils aimant le tennis et le jazz... aussitôt, René Lacoste lui invente son crocodile, et les Gershwin lui écrivent *Peter and Bess*... rebaptisé plus tard *Porgy and Bess*, les prétentions financières de Maurice Defays quant aux droits d'auteur, étant jugées exorbitantes...

On l'attend travailleur acharné, et notamment dans le cinéma burlesque... aussitôt, on synthétise la vitamine C, tandis que Groucho Marx et Laurel et Hardy décident d'assurer l'intérim, en faisant patienter les spectateurs.

« Le jour J approche.

Craignant de manquer l'événement, l'aviatrice Hélène Boucher passe, le 11 août, la barre des 428 kilomètres/heure, tandis que Malcom Campbell, qui a choisi la voiture, atteint les 437 kilomètres/heure au volant de sa Blue Bird et dédie son exploit au bientôt nouveau-né.

« Il ne reste plus à Ray Ventura qu'à chanter *Tout va très bien, Madame la marquise*.

Il ne reste plus aux jeunes femmes qu'à se mettre aux faux cils et aux indéfrisables.

Il ne reste plus à Joseph Pujols le pétomane, au sommet de son art, qu'à livrer sa version de *Il est né le divin enfant.*

… et tout est prêt pour accueillir le grand homme.

… le 16 août, l'humanité tout entière se fait à l'idée qu'il y aura un avant et un après 1934…

Pierre Richard Maurice Charles Léopold Defays est ajouté au monde…

… et le monde ne sera plus jamais comme avant… »

C'est pas mal comme entrée, non ?

Et attention ! Tous les faits sont rigoureusement authentiques ! Les dates aussi !

Alors, évidemment, l'interprétation peut déconcerter.

Et c'est vrai que si on a l'esprit un peu mal placé, on peut y voir une certaine subjectivité poindre en filigrane… des volutes de narcissisme par-ci par-là…

Mais tout de même ! Il y a des choses troublantes !

Et je suis sûr que leur répétition systématique va vous faire réviser votre jugement…

Tenez, je prends un exemple au hasard… À 16 ans, je décide d'être le plus grand acteur du monde… bon… Eh bien, pour mon dix-septième anniversaire, le

16 août 1951, « cadeau », Louis Jouvet meurt… Avouez que c'est troublant… ça ressemble carrément à une passation de pouvoir, non ?

La famille de ma mère est italienne, et la tradition a voulu que nous fêtions mon anniversaire en Italie… Une fois, je refuse d'y aller : trop long… Eh bien, paf ! : pour mes vingt-huit ans, on me creuse le tunnel du Mont-Blanc… vérifiez, si vous voulez. 16 août 1962 !

… Ça aussi, c'est troublant !…

C'est comme en 1977 ! … Je pense sérieusement à me mettre à la chanson : le 16 août, Elvis disparaît… J'ai même pas eu le temps de le prévenir que finalement, j'étais pas fait pour ça… c'est con… c'est con, mais c'est troublant !…

Alors ?… c'est pas du sérieux, tout ça ?

16 août 1845, naissance de Lipmann, prix Nobel de chimie… 16 août 1902, Tiselius, prix Nobel de chimie… 16 août 1904, Stanley, prix Nobel de chimie, 16 août 1913, Begin, prix Nobel de la paix, 16 août 1934, votre serviteur !…

C'est pas une preuve, ça ?

Et puis surtout, je me souviens, en 1936… ce siècle avait deux ans…

Paris se laissait pousser le Front populaire, et ses rues étaient le théâtre de confrontations musclées…

La foule se pressait au bas de mes fenêtres, et je la saluais du haut de mes deux ans.

« Qu'est-ce qu'ils veulent, maman ?

– Ils protestent parce que tu n'as pas mangé ton potage ! » me dit ma mère.

Aussitôt, je finissais mon assiette en deux coups de cuillère à soupe…

Des salves – de joie ou de fusil, je ne sais plus très bien, mais c'est un détail – ont déchiré le ciel, et la foule apaisée regagna ses pénates, laissant la rue déserte et le front dégarni…

Bon, je l'invente pas, ça ! Je l'ai vu de mes propres yeux !…

C'est pas de la mythomanie… c'est une façon de voir les choses…

Vous aussi, vous pouvez le faire… Si vous avez un coup de cafard, ouvrez un livre d'histoire à la page de votre année de naissance, et hop ! Vous verrez que vous êtes l'instigateur de choses extraordinaires !

Avouez que ça fait du bien, non ?

C'est important la « façon de voir les choses ». Ça relie au monde…

… Et surtout, on en a bien besoin quand on jette un petit coup d'œil en arrière…

CHAPITRE II

L'habit fait le moine

Quand j'étais petit, comme tout le monde, je me suis rêvé en cow-boy, en aventurier, en justicier masqué… en héros au grand cœur, aux grandes épopées, et au grand dam de la famille…

… Quand on est petit, on rêve souvent de vies trop grandes pour soi…

C'est dur, après, d'y faire un ourlet…

Aujourd'hui, les rêves ont changé.

On cherche moins le rôle qu'on pourrait jouer dans ce monde qu'à gagner la compétition… qu'à entrer coûte que coûte dans une de ces vies « à la mode » en dehors desquelles point de salut possible.

Réussir sa vie, ce n'est pas se trouver un sens, c'est atteindre un niveau. On ne regarde plus l'horizon. On regarde au-dessus, au-dessous, mais jamais autour de soi. On ne se situe plus, on se compare.

Et avec les exemples de vies « prêtes-à-porter » dont on nous bombarde, c'est presque de la résistance de se dessiner sa petite histoire sur mesure...

Du coup, dans ce monde où les seuls hommes qui comptent sont des comptables, j'en viens à me dire parfois qu'il est plus facile de devenir un grand homme qu'une grande personne...

Mon estime va moins à ceux qui donnent des noms aux rues, qu'à ceux qui ont trouvé leur place... Elle est là, l'aventure. Se réconcilier avec le reste du monde.

C'est pas évident de trouver sa place... C'est peut-être pour ça que les métiers à costume séduisent... Avec un costume, tout est bien rangé, plus besoin de se chercher, c'est déjà ça...

L'avocat a sa robe, le polytechnicien son uniforme, l'homme d'affaires son costume trois pièces, le banquier sa chemisette pastel... et comme disait Musil, invariablement « la vie s'engouffre dans une demi-douzaine de moules à gâteaux qui constituent la réalité ».

Le pire, c'est que souvent, la fonction prend le pas sur l'individu. On devient vite dupe de son costume et on s'en satisfait... On atteint alors, comme une consécration, « la vulgarité ».

La vulgarité de l'homme d'argent qui se prend pour le maître du monde, la vulgarité du vigile qui abuse de son autorité, celle de l'avocat qui prend la justice pour un jeu de lois…

La liste est longue…

La vulgarité, c'est la satisfaction du dupe.

Le président de La Pétanque joyeuse se sent plus président que pétanqueur. Il est déjà trop élu pour être honnête.

« Bonjour, monsieur le président… où sont les boules ?…

PRÉSIDENT. – Dites-moi, monsieur le trésorier, vous ai-je présenté le nouveau secrétaire général attaché au cochonnet ?

TRÉSORIER. – Non, monsieur le président…

PRÉSIDENT. – Eh bien, le voici, monsieur le trésorier.

TRÉSORIER. – Bonjour, monsieur le secrétaire général… mais dites-moi… pourquoi "général" ? Ne dit-on pas "secrétaire" tout court, en général ?

SECRÉTAIRE. – Si, monsieur le trésorier… mais tous les membres voulant être appelés secrétaires, il en fallait bien un général.

TRÉSORIER. – Bien vu, mon général.

PRÉSIDENT. – Savez-vous, monsieur le trésorier, que votre bob est du meilleur effet…

TRÉSORIER. – Je le tiens de mon beau-frère Roger qui travaille chez Ricard, monsieur le président.

PRÉSIDENT. – Je vous le prends. Un couvre-chef, c'est pour le chef…

TRÉSORIER. – Mais, monsieur le président, je suis moi-même chef de rayon, au secteur légumes de la supérette…

PRÉSIDENT. – Alors, d'accord, vous pourrez le récupérer ce soir. Mais en attendant, le chef, ici, c'est moi. »

Ça va très vite… J'en connais plein de ces refoulés du galon, de ces Napoléons de châteaux d'eau que le costume gris grise…

En plus, ça touche tout le monde…

Sur le tournage de *Je ne sais rien mais je dirai tout*, nous avions recruté sur place une bonne centaine de figurants. Tous étaient chômeurs, se connaissaient, se ressemblaient, et s'entendaient bien… Nous devions tourner une sortie d'usine un peu houleuse, avec d'un côté les forces de l'ordre, et de l'autre les ouvriers…

On distribua alors un peu au hasard les costumes de flics et d'ouvriers…

Le jour même, à la cantine, les flics mangeaient d'un côté, et les ouvriers de l'autre !

Voilà que ces types qui, jusqu'ici, tous les soirs, tapaient gaiement ensemble le carton et leurs femmes, voilà que ces types qui évoluaient dans la plus franche camaraderie, se dévisageaient maintenant d'un œil carrément suspicieux…

À la fin du repas, on est venu les chercher… Eh bien,

croyez-moi si vous voulez, mais les flics ont accompagné à coups de sifflet la sortie des ouvriers qui traînaient des pieds !

Le costume avait gagné.

C'est terrifiant... Surtout chez les acteurs, là, ça frise parfois la démence.

À une époque, chaque fois qu'on avait besoin d'un « de Gaulle » pour une séquence, c'était toujours le même acteur qui s'en chargeait. Il en avait la silhouette altière, mais il restait très abordable, pour un figurant.

On le voyait entrer à petits pas dans la salle de maquillage, « Bonjour tout le monde ! »...

Il passait gentiment à l'habillage, et vlan ! D'un seul coup, c'était plus le même ! Il nous regardait de haut, avec condescendance, ce con !

« Content de vous voir ! »

« Ça va être à vous, mon général... »

« Je vous ai compris »...

Un jour, avec Lanoux, on a hasardé quelques plaisanteries douteuses sur la générale, Yvonne... Il est parti en claquant la porte, entraînant dans son sillage un quarteron de figurants gaullistes... il paraît même qu'il a menacé de filer à Baden Baden...

Le directeur de production a dû organiser un référendum pour qu'il accepte de revenir.

C'est quand même insensé !...

Attention, je ne dis pas que le seul coupable est celui qui porte le costume.

Le regard de ceux qui l'entourent est au moins aussi responsable.

J'en veux pour preuve le jour où j'ai joué un rôle de motard, dans *La Raison du plus fou*, avec Ventura.

En attendant le tournage, je m'étais mis au péage de l'autoroute… en uniforme…

Eh bien, c'est quelque chose, croyez-moi !

Je n'avais besoin de rien faire… je ne bougeais pas !… enfin…

J'ai bien fini par lancer un petit regard sur les phares… histoire de faire monter un peu la température dans les voitures… Et croyez-moi, ça montait… sauf les conducteurs qui, eux, avaient plutôt tendance à glisser sous le volant.

Du coup, forcément, je me suis pris au jeu…

Le lendemain, tant que j'y étais, je m'attardais un peu sur les pneus… Là, c'était la panique ! Ça s'engueulait ferme, à l'intérieur ! « Je t'avais bien dit de changer les pneus ! »

Le surlendemain, je faisais carrément le tour du véhicule, et je suis sûr que si on avait tourné une semaine, je finissais par les emmener au poste.

C'est grisant, cette saleté de sentiment de puissance !

Le costume est sournois, soyons vigilants…

Dans mon métier, c'est particulier… Je ne parle pas de la célébrité qui aujourd'hui est une fin en soi – presque un métier à part entière –, mais des comédiens.

Les comédiens sont confrontés à un grave problème.

Marchez un peu dans la rue, vous reconnaissez tout de suite un gendarme, un facteur, un boucher, même un balayeur… mais un comédien ?…

Le comédien, il n'a de costume que le soir… c'est tout…

Du coup, il aimerait bien le garder dans la vie quotidienne pour qu'on sache bien qu'il est comédien, histoire de ne pas rater sa sortie quand il va chercher le pain.

Alors qu'une contractuelle, elle est en costume toute la journée…

Du coup, elle est contente de s'en débarrasser le soir, pour qu'on oublie bien qu'elle est contractuelle, histoire d'arrêter de se prendre des pains quand elle est de sortie.

Mettez-vous à sa place… c'est dur à vivre, pour un comédien, de ne pas être applaudi du matin au soir…

Alors qu'est-ce qu'il fait, le comédien ? Il se distingue comme il peut.

Il fait du bruit. Il parle plus fort que les autres, il rit

plus fort que les autres, il brasse de l'air plus fort que les autres… il klaxonne… je ne sais pas, moi !

À tel point que je connais même des acteurs qui ne s'arrêtent de jouer que sur le plateau.

Après ça, si personne n'a encore compris qu'il est comédien, notre homme se croit obligé de le placer dans la conversation :

« Pardon, monsieur, quelle heure est-il ?

– Il doit être 23 h 30, ça fait bien une heure que je suis sorti de scène…

– Ah bon, vous êtes comédien ?

– … On ne peut rien vous cacher… »

« Pardon, monsieur, la rue Augier, s'il vous plaît ?

– Oh, c'est drôle que vous me demandiez ça ! Figurez-vous que c'est la rue du théâtre où j'ai joué *Les Fourberies de Scapin*, il y a deux ans, dans la mise en scène d'Igor Kroutonsky… et d'ailleurs, ça me rappelle une anecdote… »

Bref, il ne vous lâche plus, le comédien… Il connaît son métier, il peut vous faire bâiller, même sans Corneille…

Mais bon, il faut le comprendre, aussi…

C'est quand même un des seuls métiers où il faut être

connu pour être reconnu… sans doute parce que dans la vie quotidienne, c'est un métier qui ne sert à rien…

Le comédien met une constance et une détermination hors du commun à ne servir à rien.

Il est juste porteur de vent…

Un pianiste, s'il ne donne pas de concert, il peut quand même jouer du piano… il est toujours pianiste…

Un comédien, s'il ne joue pas, il ne va pas se dire des vers tout seul dans sa salle de bains…

S'il ne joue pas, il n'est plus comédien.

Alors, il attend… Il n'a pour projet que de faire partie du projet des autres… et il attend.

Il a rendez-vous avec vous. Un rendez-vous où vous ne serez peut-être pas, en plus.

Il le sait, mais il attend quand même.

Il attend en rêvant du jour où dans un costume qui ne sert à rien, sous des projecteurs qui ne servent à rien, il va s'emparer d'outils de travail « accessoires », pour tenter de vous convaincre que « c'est bien plus beau lorsque c'est inutile »…

Alors, si vous entendez rire un peu trop fort, parler un peu trop fort, klaxonner un peu trop fort… tendez plutôt l'oreille.

On ne sait jamais, en écoutant bien, sa tête vous dira peut-être quelque chose.

Elle vous dira sans doute que c'est pas facile de trouver sa place dans un monde absurde.

Et rien que pour ça, même si vous ne l'avez pas reconnu… il mérite votre reconnaissance.

CHAPITRE III

La cigale et la fourmi

Quand j'ai ambitionné de faire du théâtre, je me voyais en blond ténébreux…

Si si, ça existe… enfin je croyais… Je me voyais explorer le tréfonds de l'âme humaine, et me suis pointé en cours avec Dostoïevski en bandoulière et la fleur au fusil. Mais de fleur je n'avais encore que les boutons, et de Dostoïevski, même avec le professeur ad hoc, tintin. Comme tous les acteurs débutants, je n'ai d'abord eu droit qu'à une fable de La Fontaine pour découvrir le plateau…

« Hum… La cigale et la fourmi…

– Stop ! Prends ton temps ! Tu enchaînes ça comme si tu voulais t'en débarrasser. N'enfile pas les perles : pose une chose après l'autre…

– Ah oui… *(très lent)* La cigale et la four…

– Non, non ! Attends, avant ton "et" ! Quand tu as dit "la cigale", prends un temps, qu'on ait le temps de l'imaginer, la cigale… qu'on ait le temps de digérer l'information…

– Ah oui… La cigale… *(un temps)*… et la…

– J'ai rêvé, là, ou t'as pris un temps vide… Il faut le remplir, ton temps. Je te l'ai dit, c'est là que le spectateur va l'imaginer, sa cigale. Et si ça se trouve, il sait même pas ce que c'est, il va l'imaginer n'importe comment. Donc, dans ce temps, pense à la cigale.

– Ah oui, bien sûr… La cigale… *(Il pense à une cigale.)*…

– Stop ! Ça fait longtemps que t'as pas vu une cigale ? Qu'est-ce que tu me fais, là ! ? La cigale, c'est une image ; c'est un peu tout le monde… donc tu me montres une cigale qui me fait comprendre que dans chacun de nous, il y a une cigale qui sommeille…

– Ah d'accord… La cigale… *(Il le fait.)*… et la…

– Non ! On est tous un peu cigale, d'accord, mais là, c'est vexant ! Les gens ont pas payé leur place pour se faire comparer à une cigale ordinaire. Ils te suivront jamais, là ! Compare-les à une belle cigale ! Il y a du Cid, dans cette cigale-là ! Et puis elle est universelle, il y a du Moïse, aussi… Mets-moi du Cid et du Moïse…

– Du Cid et du… bon… La cigale…

– Non, non, non ! Elle est dépressive, là, ta cigale ! Elle va se jeter par la fenêtre, ta cigale ! Mets-y quelque chose de plus gai, festif, ludique, de proximité… Mets-y du Tintin, tiens !

– Du Tintin ?

– Du Tintin, oui… du Cid, du Moïse… et du Tintin…

– T'aurais pas les proportions, par hasard ?

– Attends, c'est pas du yaourt ! Y a pas 20 % de Cid, 30 % de Moïse, et des morceaux de Tintin dedans…

– Ben oui, mais là, je vois pas trop…

– Je te demande pas de voir, je te demande de montrer. Mets-y un peu du tien…

– Y mettre du mien, en plus ?… mais c'est que là, y a plus la place…

– Dépêche-toi…

– La cigale… et la fourmi.

– Attends, stop, pourquoi tu enchaînes ? Parce que pour toi, c'est évident que si on parle de cigale, il y a forcément une fourmi derrière ? Eh ben, non ! Eh ben, non ! C'est un malin, La Fontaine… il l'a choisi, son duo… C'est pour ça, qu'il a eu autant de succès. Il aurait pu dire "La cigale et le renard", "La cigale et l'agneau"… seulement voilà, il l'a pas fait ! Donc une fois que tu as dit "et" : attends ! Laisse les gens imaginer l'infinité de possibilités pour la suite… laisse-les se demander "Qu'est-ce qu'il va dire ? Qu'est-ce qu'il va dire ? Avec qui elle est, la cigale ? hein ? Avec qui elle est ?"

– Mais ils vont pas s'en douter un peu, les gens ?

– Justement ! Tu attends… tu dis rien jusqu'à ce qu'ils

se posent vraiment la question… si tu attends suffisamment, il vont forcément finir par douter…

– Et ça risque pas d'être un peu long ?

– Tu attends ! Tu les regardes se dire "Et si je me trompais ? Et si j'étais plus con que je ne le croyais ?"… Et quand ils en sont à hésiter entre "La cigale et Juliette", "La cigale et Hardy" ou "La cigale et Jean-Marc Thibault", c'est qu'ils sont mûrs ! Tu peux y aller ! Ils sont bien fragiles, bien dans la panade, et tu peux leur annoncer la bonne nouvelle, comme une libération, "Mais non, vous n'êtes pas des imbéciles", et en même temps, tu leur fais bien comprendre que La Fontaine ne l'était pas non plus, puisqu'il a choisi ce mot-là parmi des milliers d'autres…

– Et comment je leur annonce tout ça ?…

– Tu leur dis…. "la fourmi".

– Ça veut dire tout ça, "la fourmi" ?

– Évidemment ! Tu leur réapprends à écouter quelque chose qu'ils ont trop l'habitude d'entendre ! Tu réveilles les mots !

– Ah bon…

– Et, surtout, jubile le texte ! Amuse-toi !

– Eh oui…

– Et arrête de pleurer quand tu jubiles, ça m'énerve !

– La cigale et la…

– Tu le fais exprès ? Bon, j'ai compris. On va faire autrement. Tu peux pas trouver tant que tu l'as pas travaillé avec ton corps… Tu vas sortir, et imaginer un marécage de vase, de tourbe, ambiance "guerre du Vietnam". Cette fange-là, c'est l'humanité. Comme dans Musset, un égout sans fond. Tu entres sur le plateau, t'es dans l'humanité jusque-là, et tu me fais une cigale la tête levée, comme le Cid, et un bâton de pèlerin sous le bras, comme Moïse.

– *(Il le fait.)* La cigale…

– Et Tintin ?

– Quoi Tintin ?

– Je t'ai dit de me l'égayer, ta cigale ! Elle a chanté tout l'été ! Alors sois léger, bon sang !

– La cigale…. et… la fourmi.

– Attends, tu me fais quoi, là ?…T'es léger, d'accord, mais n'oublie pas la situation ! Elle est légère, mais ses ailes de géant l'empêchent toujours de marcher ! Je veux une cigale dans la boue mais qui rit, qui rampe la tête haute, avec de la légèreté dans la lourdeur… Mange des chips !

– Pardon ?

– Mange des chips. Ta cigale, elle crève étouffée par la société de consommation. La fourmi, elle, elle a su garder l'essentiel, elle s'est méfiée. La cigale, non. Elle s'est noyée dans le libéralisme. Et ce qu'elle va demander à sa voisine, c'est un peu de son âme qu'elle a perdue.

– Oui, mais c'est pas moi, la cigale, puisque je raconte l'histoire…

– Je sais bien, mais il te faut une raison de la raconter, l'histoire ! Pourquoi tu vas nous raconter celle-là et pas une autre ? Parce que ta vie, à toi, dans la boue, la fange et les chips, est devenue intolérable, et que du fond de ta faillite subjective, tu comprends enfin ce qu'a voulu dire La Fontaine ! Tu te sens enfin en phase avec cette cigale que tu reconnais comme ton semblable, ta sœur, ta mère ; la cigale pousse en toi, et pour crier ta rage d'impuissance, tu reprends ces mots enfin chargés de sens, tu sens que La Fontaine t'avait compris, mais que tu n'avais pas compris La Fontaine ! Alors, seul dans ta jungle décadente, tu conjures la solitude en hurlant ce texte qui te rattache au monde et te ramène à l'enfance, à la cour d'école, au passé, à la virginité, au paradis perdu ! Tu te laves des souillures sociales, grâce à qui ? Grâce à la littérature, et à l'école – donc l'éducation – comme dernier rempart à la contamination de l'argent. C'est pour ça qu'à la fin tu es redevenu un fœtus.

– Ah, d'accord… La cigale… et la fourm…

– Attends, attends, tu le tiens, là… lève-toi, mets les bras le long du corps, ne bouge plus et dis ton texte…

– La cigale et la fourmi…

– Eh bien, voilà ! On y est arrivés ! Tu vois, c'était pas compliqué ! »

Si être comédien c'est ça, il y a de quoi tout arrêter…

Heureusement, à côté de ça, j'ai connu une petite dame de soixante ans qui n'était jamais sortie de sa ferme natale, perdue dans la Beauce.

Elle ne s'attendait certainement pas à voir débouler une équipe de tournage devant sa porte... et encore moins à ce qu'on lui demande, au pied levé, de se jeter dans les bras d'un jeune homme en lui disant : « Oh mon fils, ne pars pas. »

Le fils était un mythomane qui se targuait d'avoir fait l'Indochine.

Il devait investir une ferme dont le propriétaire lui interdisait l'entrée pour cause de paresse caractérisée... C'était Alexandre le Bienheureux.

Rien de tragique, c'était une comédie souriante...

La petite dame, en revanche, ne souriait pas vraiment... tout impressionnée de se retrouver entourée de comédiens chevronnés, la plupart pourvus d'un bagage solide : Shakespeare, Molière, le conservatoire, le TNP, que sais-je...

... et puis on dit « Moteur »...

... on la pousse, parce qu'elle ne savait pas trop quand il fallait y aller...

... elle se jette dans les bras du jeune homme en criant : « ne pars pas mon fils »...

... et puis... elle pleure... elle pleure en le regardant...

elle est dos à la caméra, personne n'en saura rien, mais elle pleure…

… et puis elle sort du champ et s'en va sécher ses larmes dans un coin.

On s'est tous regardés, un peu troublés, un peu gênés, un peu déconfits peut-être…

En dix secondes, elle avait trouvé le ton juste, l'émotion juste.

Sa vérité nous éclatait au visage…

Elle aurait donc lu Stanislavski entre deux lessives, ou Strasberg après la traite des vaches ?

Merde… comme disait Jouvet, dans la vie, tout le monde est comédien… à part peut-être quelques acteurs…

Yves Robert est allé la voir, et lui a dit merci…

« C'est formidable, mais pourquoi pleuriez-vous ?… »

Elle a eu cette réponse divinement simple :

« Je n'aime pas voir les enfants partir à la guerre… »

Quarante ans plus tard, je me souviens de cette petite dame dont j'étais le fils au cinéma… qui fut en douze secondes une grande actrice… et qui ne le saura jamais.

CHAPITRE IV

TNP ou PTT

« Les garçons, voulez-vous vous lever !... »

Jean Vilar était sur la scène du cours de théâtre, face à la centaine d'élèves dont je faisais partie.

Les garçons se levèrent aussitôt, un peu inquiets tout de même : qu'est-ce que ça pouvait bien signifier ? Rien dans l'attitude du maître ne pouvait nous aider à savoir si c'était du bon ou du mauvais...

Là, quelques filles audacieuses misèrent sur le bon, et décidèrent de tenter leur chance en se levant aussi. Les voilà debout...

« Tu t'appelles comment ?

– Jocelyne, monsieur Vilar...

– Et qu'as-tu travaillé dernièrement ?

– *Les Précieuses ridicules*, monsieur Vilar...

– Ah... et pourquoi pas Don Juan ou Arnolphe ?

– ... Euh...

– Allez, rassieds-toi mon garçon, et ne me fais pas perdre de temps… Donc, les vrais garçons… toi, toi, toi, toi… »

Le dernier « toi », c'était moi. Il m'avait choisi… il avait tout de suite vu que j'étais un grand acteur… enfin, un acteur d'un mètre quatre-vingts, cette limite fatale en dessous de laquelle la prestance du soldat succombe à la jupette… Car c'est bien de cela qu'il s'agissait : nous serions figurants dans son prochain spectacle !

Une quinzaine seulement étaient retenus, les autres pouvaient se rasseoir… Le temps de réaliser ce qui venait de nous arriver, et Vilar avait disparu, « Passez au secrétariat pour vos contrats, merci. »

Quelle aubaine ! Figurer auprès de Gérard Philipe, de Philippe Noiret, de Daniel Sorano dans ce théâtre prestigieux qu'était le TNP !

Oh, bien sûr, on n'allait pas boire des verres avec eux après les répétitions en se tapant dans le dos, mais quand même ! On allait boire des verres dans le même café ! À distance, certes, mais servis par le même garçon, s'il vous plaît ! La main droite du garçon qui allait poser mon demi sur la table aurait quelques instants auparavant touché le verre de M. Gérard Philipe ! Ça n'a l'air de rien *a priori*, mais si on considère qu'il a dû laisser l'empreinte de ses doigts sur le verre de Gérard Philipe et la même empreinte sur le mien, il y a quand même –

en y pensant très fort – un sacré lien entre Gérard et moi, non ? Tout allait très vite dans ma tête… et l'avenir allait exaucer mes vœux au-delà de mes espérances…

En effet, pendant mon parcours du figurant, il est même arrivé que Gérard Philipe me donne de la main à la main un pli scellé… enfin, que le Cid remette un pli au soldat… Et tous les soirs ! C'est dire la confiance qu'il avait en moi !

« Approchez, soldat. Vous remettrez ceci à Don Diègue ! »

Ses yeux me fixaient l'espace d'une seconde (voire une seconde et demie quand il était en forme, et que nous nous laissions griser, tous les deux, par le plaisir du jeu…) et il me tendait le pli d'une main ferme et auguste.

Moi, qu'on n'imagine auguste qu'affublé d'un nez rouge, j'étais face à lui d'une austérité totale. Je dirais même d'une sobriété exacerbée. Il aimait, j'en suis sûr, la façon dont je m'emparais de la lettre… Il faut dire que je mettais le paquet : la tête penchée en signe d'obédience, mais levée en signe de fierté ; un œil vif qui surveillait alentour, l'autre braqué sur lui en signe de reconnaissance, le genou droit fléchi en signe de soumission, mais le jarret gauche tendu pour montrer ma vaillance… Tout était calculé, c'était le moment ou jamais de montrer l'étendue de mon talent : j'étais figurant, certes, mais ne le resterais pas longtemps ! Alors mon bras se détendait, sans hâte mais sans mollesse, déterminé, précis. Et ma main se refermait sur le rouleau princier sans toucher la sienne, par respect, mais très près tout de même pour lui marquer mon attachement indéfectible…

J'étais persuadé que tous ces petits détails en faisaient un moment fort de la pièce, et que la salle tout entière y était particulièrement sensible. J'avais répété le geste des dizaines de fois jusqu'à la perfection… à la maison… avec mon facteur. Au point que lui-même fit beaucoup de progrès en distribuant le courrier. Il s'améliorait de jour en jour : se prenant au jeu, il donnait même de la voix : « Voici une lettre, madame ! Elle est pour vous ! » Ce n'était plus Jacquot le petit facteur, mais Ruy Blas remettant une missive…

…Jusqu'au jour où, emporté par son lyrisme naissant, il lança à la femme d'un sénateur : « Et mon cœur qui ne bat que pour vous… »

Elle était belle, mais n'aimait pas le théâtre, sans doute… Il fut viré des PTT.

J'ai quand même toujours veillé, dans mon rapport avec Gérard, à ne pas paraître plus auguste que lui. Je prenais la lettre, et m'esquivais prestement, sans un regard pour le public de peur qu'il ne m'accordât trop d'attention !

Bref, je ne doutais de rien.

Pendant ce temps, nos camarades de cours nous enviaient. Les petits, les obscurs, ceux d'un mètre soixante-dix. Notre France d'en bas à nous. Ils nous enviaient d'autant plus qu'ils étaient souvent beaucoup plus doués. Le monde est injuste.

« Gary Cooper, après tout, tu lui retires sa taille, qu'est-ce qu'il reste ?! Et fais-lui jouer Figaro, ou Sganarelle ! » me faisait remarquer un copain juché sur un mètre soixante-cinq d'amertume...

Il n'avait pas tort... et je sentais bien que l'attaque était plus dirigée contre moi que contre Gary Cooper.

« Et toi ! lui rétorquais-je. Avec ton mètre soixante-cinq, comment pourrais-tu monter à cheval ?

– Ah, parce que pour être comédien, il faut monter à cheval ?

– ... Non... non, mais pour tourner des westerns, oui !

– Et qui te dit que je veux faire des westerns ?

– Et qui te dit que Gary Cooper veut jouer Figaro ? »

Ça durait des nuits entières, à refaire le monde, au café... Il fallait bien que je le paie un jour...

Un soir, sur la grande scène du TNP, nous jouions *Macbeth*... Enfin Alain Cuny jouait *Macbeth* ; Maria Casarès était sa femme, et moi, une fois de plus, un soldat...

Attention, je n'ai pas toujours été soldat ! J'avais à ma disposition une palette infinie de personnages ! J'ai été moine dans *Marie Tudor* de Victor Hugo, paysan dans

Figaro, seigneur dans *Ruy Blas*, et parfois les trois dans la même pièce. C'est dire la facilité avec laquelle je changeais de personnage. J'étais un équilibriste de la composition, le Fregoli de la hallebarde ! Déshabillage, habillage, déshabillage, habillage, j'étais omniprésent.

Enfin, là, dans *Macbeth*, je pouvais me concentrer sur mon unique personnage : soldat de la garde personnelle de Macbeth. Je dirais même de la garde rapprochée de Cuny. Vilar m'avait probablement remarqué lors de mes prestations avec Gérard Philipe ! À moins que Gérard Philipe lui-même ne m'ait repéré parmi mes quatre-vingts cofigurants, et chaudement recommandé à Cuny… « Un combattant de grande valeur, tu me remercieras… »

Toujours est-il que ce soir-là, comme d'habitude, je me battais arme à la main, et comme d'habitude, je mourais vaillamment. En principe, l'acte terminé, on se relevait dans le noir, les soldats morts et moi, et on se dépêchait de changer le décor. Chacun son élément. Moi, par exemple, je devais enlever la catapulte et ramener à la place une petite commode et ses trois tiroirs. Ce changement en aveugle avait été l'objet de nombreuses répétitions. On avait fini par se mouvoir à l'aise, sans se cogner, chacun ayant des actions parfaitement précises à accomplir dans un minimum de temps… Et il le fallait, puisque neuf secondes plus tard, lumière !… L'acte suivant démarrait.

Oui, mais ce soir-là – à cause de ma nuit au café ou de mon ardeur au combat –, j'ai mieux fait le mort que d'habitude : je me suis endormi aussitôt tué… pour ne me réveiller que dans la chambre de la reine, au pied du lit où elle était étendue.

Elle a d'abord vu la catapulte, mais sans s'affoler pour autant. En grande professionnelle, elle s'en est très vite accommodée : eh oui, en cette époque troublée, une dame de son rang se devait d'avoir une arme de défense à portée de main, et puisqu'elle n'avait pas de revolver à mettre dans sa table de nuit – que de toute façon elle n'avait pas non plus –, elle s'est procuré une catapulte, voilà…

Après un soupir, pour reprendre son élan, elle a baissé les yeux… C'est là qu'elle a croisé les miens… Ça m'a fichu un coup… à Maria Casarès aussi…

Le sort en était jeté : il ne lui restait plus qu'à faire mine de ne pas me voir, et à moi, beaucoup plus difficile, faire mine de ne pas être là.

Et c'est parti. Après un temps de stupeur, voilà la voix profonde et grave de lady Macbeth qui s'élève du lit et s'en vient frapper les oreilles du dernier des trois mille spectateurs tout au fond de la salle près du radiateur. Elle envahit l'espace… et moi, qui voudrais m'y dissoudre…

> « Ce qui les a rendus ivres m'a rendue hardie. Ce qui les a éteints m'a enflammée. Écoutez ! Paix !… C'est le hibou qui a crié, fatal carillonneur qui donne le plus sinistre bonsoir… »

J'avais trois solutions…

La première : je me lève comme si de rien n'était, je m'époussette, et je m'éclipse en lui disant « Bonsoir madame », d'une voix sépulcrale, conformément à ses propos… Elle l'aurait donc, son « sinistre bonsoir » ! Et si par hasard, pour donner le change, elle se fendait d'un « Qui êtes-vous ? », j'avais prévu de répondre « Le carillonneur ». Ainsi, je n'étais pas à contresens, tout rentrait dans l'ordre, je pouvais sortir d'un pas serein, la conscience tranquille : je n'avais pas salopé la pièce…

Seulement, voilà… cette option demandait un culot monstre… et en cet instant, mon regard mi-clos croisa celui du régisseur général dans la coulisse, ni « mi » ni « clos », qui me fixait comme un cobra fixe une souris blanche…

Alors…

Deuxième solution : je ne bouge pas d'un cil. C'est bien simple, je suis mort. Je n'existe pas. Je suis une carpette au pied de son lit. Et pourquoi pas, d'ailleurs ?

Certaines divas ont bien des peaux de tigre pour y poser leurs pieds, lady Macbeth, elle, a une peau de soldat. Eh quoi ! Une peau de brave, mort pour ses beaux yeux, qu'elle a récupéré sur un champ de bataille… elle l'a choisi beau, blond, et pas trop abîmé ! C'est tout !

Seulement, voilà… cette solution comportait un danger : et si on me prenait pour un amant de passage de lady Macbeth !… (oui, ça bouillonnait dans ma tête)… Mais au lieu de passer, l'amant de passage, exténué par une nuit d'amour trépidante – faut voir la Macbeth ! Le morceau ! –, se serait endormi au pied du lit. Là, on passait directement de Shakespeare à Feydeau, et je n'étais pas persuadé que Jean Vilar, homme de théâtre rigoureux et directeur du Théâtre National Populaire, apprécierait le virage… donc…

Troisième solution : j'entame avec un maximum de discrétion une reptation lente et contrôlée vers la sortie la plus proche. Il se trouve que j'avais travaillé au cours de mime la « marche au ralenti ». Sans être l'égal du mime Marceau, je n'étais pas mauvais. Il s'agissait de faire la même chose, mais à plat ventre…

J'avais sept mètres à parcourir à peu près… sauf incident de parcours – mais le terrain était plat, bien dégagé –, je pouvais être en coulisse dans les soixante à soixante-quinze secondes environ.

C'est la solution que je choisis.

La carpette que je n'étais pas se mit donc à onduler millimètre par millimètre ! Mes ongles, en éclaireurs, s'accrochaient aux moindres aspérités. Je relevais au passage un Carambar qu'un vaillant guerrier avait dû perdre pendant l'échauffourée du premier acte. Je passais outre la provision de bouche du soldat, et laissais ma colonne vertébrale s'étirer, vertèbre après vertèbre, comme une armée en marche. Tout à coup, la cinquième lombaire fut stoppée net. En effet, mon os iliaque était coincé par le pommeau de mon épée. De lombaire en lombaire, l'information est remontée jusqu'aux cervicales qui en ont référé au cortex. Celui-ci donna l'ordre à un auriculaire, posté en avant-garde, de dégager le chemin.

Cinq ou six secondes (aussi précieuses qu'interminables) plus tard, l'auriculaire était épuisé, mais la voie était libre. Ma cinquième lombaire s'y engouffra, entraînant derrière elle le gros de la troupe, vite rattrapé par un pied qui traînait à l'arrière.

« Il est à l'œuvre ! poursuivait lady Macbeth, sans ciller. Les portes sont ouvertes, et les grooms gorgés narguent leur office par des ronflements. »

Ronflements ? Elle a dit ronflements ? Allez savoir pourquoi, l'urgence, la tension, que sais-je… mais à ces mots, l'idée me vint de ronfler. C'est terrifiant, quand on veut trop bien faire, ce qu'on peut perdre de bon sens… Pour moi, c'était une façon innocente de m'intégrer à l'histoire, de ne plus être un corps étranger... en réalité, tout simplement, je rampais en ronflant !

« J'ai drogué leur potion du soir, si bien que la mort et la nature disputent entre elles s'ils vivent ou s'ils meurent. »... Il me restait à parcourir deux mètres. Tous mes muscles s'appliquaient à la lenteur. Ne pas se laisser griser par la vitesse...

Les spectateurs ne semblaient pas troublés par ma présence. Aucun rire ne fusait. Pas le moindre chuchotement interrogatif... je semblais parfaitement intégré au décor. Maria Casarès poursuivait sans défaillance son monologue.

« Hélas, j'ai peur qu'ils ne soient éveillés et que ce ne soit pas fait : la tentative, sans le succès, nous perd... Écoutons... » Ça, mes ronflements, elle devait les entendre... Aussi, je les arrêtai net pour respecter son écoute... religieuse... silence total, suspendu... et dire que je n'étais plus qu'à un mètre vingt ! C'est rien, un mètre vingt... Seules, au fur et à mesure de mon approche, s'agitaient les mains du régisseur général. Ça n'était plus des mains, d'ailleurs, mais des battoirs qui frappaient l'air au point que j'en sentais le souffle glacé sur mon visage... oui, à un mètre vingt...

« J'avais disposé leurs poignards : il a dû forcément les trouver... Mon mari ! »...

« Ciel son mari ! » Et plus que trente centimètres ! Six secondes, à tout casser ! Allez ! Allez !... je suis à une poignée de phalanges de la main tendue du régisseur quand, soudain, Macbeth entre. Et par où il entre, Macbeth ? Précisément par là où je voulais sortir. Je suis battu !

« MACBETH. – J'ai fait l'action... n'as-tu pas entendu du bruit ?
LADY MACBETH. – J'ai entendu le hibou huer, et le grillon crier. N'avez-vous pas parlé ? »

Je me disais : il va passer ! Il va passer, et je pourrai filer ! Passe, mais passe ! Seulement, voilà, il ne passait pas. Je lui barrais le passage. Alain Cuny ne voulait sans doute pas qu'on voie qu'il m'avait vu. Ou bien il se refusait à m'enjamber pour ne rien perdre de sa superbe. Ou peut-être, tout simplement, il se disait « Tiens, elle est curieuse, cette commode, on dirait une catapulte »... Allez savoir ce qu'il pensait ! Les voies du Cuny sont parfois impénétrables. Toujours est-il qu'il décida de rester sur place, et joua toute la scène en hurlant du fond du plateau.

« MACBETH. – Quand ?
LADY MACBETH. – À l'instant même.
MACBETH. – Quand je descendais ?
LADY MACBETH. – Oui.
MACBETH. – Écoute ! Qui couche dans la seconde chambre ? »

Au bout d'un moment, je pris la décision de faire demi-tour pour aller chercher une issue côté jardin. Je comptais sur Maria Casarès pour faire diversion : oui, parce qu'à ce moment-là, elle était censée ranger sa couronne dans la commode. Le temps qu'elle trouve un tiroir dans la catapulte, je serais loin…

Seulement, voilà… à ce moment-là aussi, Macbeth était censé regarder ses mains de tueur, fixer ses mains maculées de sang, et dire : « Quel triste spectacle !… »

En fait de mains, c'était moi qu'il fixait obstinément… Moi en train d'amorcer un lent virage circulaire et dont il n'arrivait pas à décrocher son regard ! Et c'est tétanisé, les yeux écarquillés, les bras ballants, qu'il lança : « Quel triste spectacle !… »

Quelle erreur ! Non, mais quelle grossière erreur de sa part ! Il m'a fait exister au yeux du public ! À cause de lui, tout le monde m'a vu ! Je suis accablé !…

C'est du moins ce que j'essayais d'expliquer au régisseur qui venait de m'aspirer en coulisse par les pieds.

« Tu as vu ça ? C'est quand même incroyable un tel amateurisme chez un acteur de cette envergure !… Moi, je me mets en quatre pour être discret, et lui, il me montre ! Oh, le maladroit ! »

C'est alors qu'on entendit la voix de stentor de Macbeth :

> « Il y en a un qui rit dans son sommeil, et un qui a crié "Au meurtre !" »

Tout le monde entendit la voix du régisseur, de stentor elle aussi :

« Et un qui va recevoir ma main dans la figure ! »

… Paf !!…

Casarès et Cuny s'arrêtèrent, gênés… Un regard vers la coulisse, et les voilà qui commencèrent à pouffer. Oui, pouffer.

Et si Maria Casarès n'a jamais été la dernière pour la pouffe, Alain Cuny, si.

Il avait la fantaisie d'un fer à souder et bien des soles ont pleuré devant son œil de merlan…

Le Cuny ne prête pas à la plaisanterie. C'est sérieux, le Cuny.

Cuny du matin, chagrin ; Cuny du soir… aussi.

Bref, nul ne connaissait sa tête d'hilare mais tout le monde sa tête de cochon.

Et là… pour la première fois… il avait pouffé ! Il avait pouffé d'un rire sans éclat. Par manque d'entraînement, sans doute, ça ressemblait davantage à des petits râles d'agonie : « Hun hun hun ». Un peu comme un grand brûlé, recousu de frais, qui a peur de se faire péter les sutures. « Hun hun ». C'était sans doute sa première fois, et on voyait bien que ça lui faisait un peu mal… « Hun hun. »

Désarçonné, l'idée lui vint de prendre appui sur la commode, pour rester naturel… Le naturel, c'est le secret… Je crois qu'il n'a pas compris tout de suite ce qui se passait… Tout ce qu'il a vu, c'est la commode lever un bras de deux mètres, et la couronne de la reine finir sa course dans les cintres…

Il n'en fallait pas tant à Casarès pour passer en seconde : et voilà le fou rire de la Macbeth qui monte, qui monte, qui monte… et qui éclate.

Après réflexion, j'ai préféré reposer la commode que je m'apprêtais à amener sur le plateau, et je me suis éclipsé très vite. Je n'ai pas dormi de la nuit… pas à cause de la culpabilité, non… mais parce que je n'en revenais pas. J'avais fait pouffer Cuny ! Ce fut une révélation. Le destin avait pointé son doigt sur la vocation qui serait désormais la mienne, cette vocation qui deviendrait mon sacerdoce : la baffe.

Le sort en était jeté, il avait suffi d'un Cuny pour faire de moi un missionnaire.

Le lendemain, j'allais quand même vers le théâtre avec la peur au ventre. Une voiture s'est arrêtée à ma hauteur. La vitre s'est baissée. C'était Vilar.

Il m'a regardé en fronçant les sourcils… m'a fait un signe réprobateur de la main… pour la forme… et puis avant de repartir, il m'a souri…

CHAPITRE V

Le douzième spectateur

Au fond, il n'y a que deux sortes d'emploi au théâtre. Ceux qui donnent des baffes et ceux qui les reçoivent. Le reste, les jeunes premiers ou les éternels seconds, les valets ou les seigneurs, c'est un faux débat...

Recevoir une baffe demande des années de pratique. Personnellement, je les ai passées au cabaret. C'est là que j'ai tout appris, en encaissant les gifles magistrales de Victor Lanoux. Oui, magistrales, parce qu'une gifle esquissée ne fait pas rire. Il faut qu'elle claque, la gifle. Il faut qu'elle soit sonore, la gifle, pour que le spectateur rie... Enfin il faut qu'elle fasse mal, quoi ! Dans notre sketch, j'en prenais quatre. Et comme à l'époque, le dimanche, nous avions trois séances à Bobino, puis une à la Galerie 55, et, très vite derrière, une autre encore à l'Écluse, on arrivait à ce chiffre astronomique de vingt claques magistrales par jour.

À Bobino, Motta, le chef d'orchestre, commençait le décompte à voix haute dès la première séance de 14 heures. « Paf ! dix-neuf… Paf ! dix-huit… Paf ! dix-sept… »

Je n'ai jamais bien su s'il voulait m'encourager ou me déprimer… Après tout, peu importe : à la longue, je ne sentais ni n'entendais plus rien ! Paf ! Paf !…

J'avais bien proposé à Victor, au début, de changer de joue à chaque séance… mais changer de joue supposait qu'il changeât de main. Et demandez à Sempras de jouer avec la main gauche ! Le bilan des courses, je l'ai senti passer : sa première baffe, je l'ai reçue dans le nez, la deuxième sur la tempe. Ça étourdit, la tempe. On n'est plus trop à ce qu'on fait après un coup sur la tempe. Alors, en dépit de l'impassibilité qu'exigeait la situation, j'ai instinctivement tenté d'éviter la troisième. Fatale erreur, je n'ai réussi qu'à empaler mon œil sur un de ses gros doigts. À ce stade, mes jambes ne m'obéissaient plus ni à l'œil ni au doigt : je saignais du nez, pleurais et titubais tout à la fois. Quand la quatrième m'est tombée dessus, la salle était au comble de la joie.

Fort de ce triomphe, Victor m'a proposé, à l'avenir, de continuer avec la main gauche… ce que j'ai modestement refusé, le gros succès de la main droite me suffisait amplement.

Cela dit, je n'étais pas à plaindre. Vous ne pouvez pas imaginer comme il est savoureux, jouissif, même, de recevoir une énorme baffe devant six cents personnes.

C'est une expérience quasi spirituelle ! Parce que, attention, il faut surtout ne rien laisser paraître ! Un moment d'étonnement, de colère, même contenue, et tout s'effondre ! Ça laisserait à penser au public que vous recherchez auprès de lui une compréhension, un soutien, une indignation commune, et en agissant ainsi, vous devenez son obligé !... C'est mesquin !

Non, la majuscule de la baffe, on ne la trouve qu'en la recevant sans ciller, ni sourciller, ni vaciller, rien ! Elle n'est pas plus que la caresse du vent, des embruns, d'une chevelure... Alors grandit en vous la sensation mystique d'incarner à vous seul toute la douleur du monde, vous êtes un héros christique, le Jésus de la torgnole ! Autre chose que l'autre messie de pacotille, qui se contentait chichement de tendre la joue gauche sous le prétexte fallacieux qu'on venait de lui défoncer la droite !

Non ! La joue d'un élu qui se respecte n'envoie pas sa sœur jumelle se faire allumer à sa place ! Elle ne bouge pas, au contraire ! Elle enquille, elle engrange, et plutôt que d'amasser une once d'amertume, elle fait de chacun des coups qu'elle reçoit une occasion de plus de se lier au reste de l'univers ! Si la fraternité est une main tendue, il n'est de main tendue qui vaille que celle qui fout des baffes. Trouvant dans la douleur l'ultime lien commun de notre humanité, la gifle est le dernier rempart à notre indifférence…

Cela pour vous dire qu'il faut s'en raconter des âneries, pour justifier les coups qu'on se prend dans la tronche ; il faut s'en dresser, des statues, pour être fier de sa douleur…

Il y en a beaucoup qui l'ont fait avant moi. Mais ceux-là n'ont jamais fait rire grand monde… Quoique saint François d'Assise… quand il est en forme…

Mais même en forme, il a un humour bien à lui, très différent du nôtre, à Victor et à moi, du style de ces deux pêcheurs à la ligne :

« Il est bien gros, votre ver.

– C'est pas un ver, c'est une saucisse de Francfort…

– Et vous prenez des poissons, à la saucisse de Francfort ?

– Jamais !

– Alors, pourquoi vous pêchez à la saucisse de Francfort ?

– Parce que moi, ma saucisse, quand j'ai rien pris, je la mange. Tandis que vous, qu'est-ce que vous faites de votre ver ?

– Je le bois !

– Un ver de pêche ?

– Non, un verre de bière.

– Vous pêchez au verre de bière ?… »

Mais mon premier partenaire de cabaret n'est pas Victor Lanoux, c'est Jean Bouchaud. C'est avec lui que j'ai découvert cette discipline si particulière où le plus difficile n'est pas de jouer, mais d'attendre.

« Encore un et on commence… vous vous rendez compte ? Un spectateur et le spectacle commence… »

Dans les coulisses, on s'agite. L'impatience le dispute à l'inquiétude… Mais où est-il ? Qu'est-ce qu'il fait ! ?… Il est peut-être dans les embouteillages… Il va bien finir par arriver… Oh, il ne s'agissait pas d'un retardataire, nous n'attendions personne en particulier. N'importe qui aurait fait l'affaire… pourvu qu'il y ait encore un spectateur : au cabaret, pour être payé il faut jouer, et là, pour jouer il fallait douze personnes dans la salle. C'est là qu'était le moment critique : quand ils n'étaient encore que onze.

On ne le connaissait pas, ce douzième spectateur, mais qu'est-ce qu'il nous manquait ! C'est bien simple, on l'aimait déjà… Notre déjeuner du lendemain dépendait de lui : c'est dire avec quelle sollicitude nous étions prêts à l'accueillir, la main sur le cœur et l'estomac dans les talons.

Bouchaud et moi avions trop d'appétit pour nous contenter d'attendre notre Godot quotidien… Alors, quand il tardait à venir, nous finissions par aller le chercher.

Et nous voilà dans la rue à guetter les passants.

« Au fond de chaque passant, il y a un spectateur qui sommeille », comme n'a pas dit Jouvet, mais il aurait pu. Seulement, certains soirs, il sommeillait particulièrement fort. Il était même carrément sous anesthésie générale. Les gens rentraient chez eux d'un pas rapide, et au fond de leurs yeux, résignés, on ne voyait pas l'ombre d'un spectateur pour essayer de les en dissuader. Rien. Pas une lueur. Quand il sommeille, il sommeille, le spectateur. Et il dort la lumière éteinte.

Nous, on voyait ça tout de suite, on avait l'habitude. On n'avait aucun mérite, d'ailleurs. Un passant à l'œil vif, brillant, éclairé par une petite flamme de curiosité, c'est forcément plus prometteur qu'un type occupé à compter ses pieds, l'œil morne rivé sur le trottoir, appliqué à la tristesse comme s'il essayait de lire son avenir dans les crottes de chien.

Pourtant, c'est celui-là qui aurait le plus besoin de nous ; mais bizarrement, c'est aussi le plus difficile à convaincre de venir s'amuser. Allez savoir pourquoi, la mélancolie n'aspire qu'à elle-même, et la gaieté, comme l'appétit, vient en mangeant.

En parlant de manger, voilà trois passants plutôt appétissants qui s'approchent par la droite… Et encore deux par la gauche.

Jean part s'occuper des trois « uns », et moi des deux « autres ».

Plus que quelques mètres et nous pourrons glaner des miettes de conversations. Si la discussion est animée, riante, on peut espérer manger demain midi… S'ils égrainent un mot par-ci un mot par-là, ou pire, s'ils échangent des propos feutrés sur Claudel ou saint Ignace de Loyola, c'est ceinture…

Je n'ai rien contre Claudel, mais ce soir, son *Pain dur* ne peut rien contre ma fringale.

Alors, alors ? Tout à coup, j'aperçois l'un d'eux qui sourit… Il n'en faut pas plus pour que leurs têtes prennent à mes yeux des airs de sandwichs jambon beurre, ou d'entrecôte purée… Il y en a même un qui me fait saliver : un gros baba au rhum, plus vrai que nature ! Je me tourne vers Jean et l'interroge du regard : de l'autre côté, il salive tout autant…

Vite, en place.

Nous regagnons la porte du cabaret. De chaque côté approchent nos plateaux-repas. L'objectif : attirer gentiment leur attention pour qu'ils voient les photos alléchantes des artistes placardées à la devanture : on y trouvait Roger Riffard, un copain de Brassens, qui chantait *Les petits trains vont à la gare* avec l'air égaré d'un chanteur qu'on aurait jeté dans la scène… Ricet Barrier, si drôle, si poétique, si savoureux… ou encore un duo de chanteurs sud-américains, d'improbables « matchucambos » en poncho et bonnet péruvien, bardés de flûtes et de pans. À force de trous de mémoire, ils finissaient par s'engueuler, en public et en français, avant de se résigner à chanter *Ils ont des chapeaux ronds vivent les Bretons.* Ça, c'était Jean Bouchaud et moi.

Impact moins dix secondes… neuf… huit… Nous nous plantons innocemment devant la vitrine illuminée, pour éveiller leur curiosité.

Ça y est. Les deux groupes nous ont quasiment rejoints. Nous nous retournons alors, et tendons les bras en direction de la porte avec le sourire engageant des portiers de nuit de cabarets sexy…

Étions-nous trop cabaret ou pas assez sexy ? Toujours est-il que les passants se croisent et s'éloignent sans une hésitation, sans un regard vers nous…

… Ça se sentait peut-être un peu trop que nous avions besoin d'eux. Et rien de tel qu'un besoin qui se voit pour étouffer l'envie.

Les voilà qui disparaissent, nos sandwichs, nos boudins pommes, et se perdent dans le brouillard pour aller se faire manger ailleurs.

Le patron nous rappelle. C'est fini.

Le Cheval d'or va fermer ses portes. La direction offre un verre aux clients pour les dédommager de leur attente… hé, nous aussi, on a attendu !… mais on n'a droit à rien. C'est le jeu. On mangera mieux après-demain… peut-être.

À demain, Jean… À demain, Pierre.

The show must go on.

Pourtant, aujourd'hui, j'en connais un paquet de douzièmes spectateurs qui payeraient cher pour avoir vu un concert de Bobby Lapointe. Il était là, lui aussi. Sa Kathy ne l'avait pas encore quitté qu'il s'accompagnait déjà à la guitare avec trois invariables accords, « *do*, *ré* mineur, *sol* 7e ». Trois accords qu'il grattait un peu au hasard, pour faire mine de diversifier ses harmonies qui, de toute façon, tournaient résolument le *do* à la mélodie. Tout le monde s'en foutait, il nous emmenait si loin.

Même chose à la Galerie 55, ou à l'Écluse. On y voyait une affiche que peu de producteurs aujourd'hui oseraient imaginer. Michel Galabru, Guy Bedos, Jean-Pierre Marielle, Jacques Dufilho, Jean Yanne, Jean-Pierre Darras, qui tournicotait autour du massif Noiret dont la surdimension était encore plus évidente sur notre petite scène… sa voix tonitruante, gargantuesque, habituée à l'énormité du TNP, se démultipliait ici. On la voyait, cette voix ! Elle se cognait aux murs, ricochait au plafond comme une balle de caoutchouc, avant de retomber sur les spectateurs, tétanisés et conquis… Et puis, bien sûr, Victor Lanoux…

Alors, elle est pas belle, l'affiche ? Il fait moins le malin, aujourd'hui, le douzième spectateur !

Sans parler de Barbara… La belle, la divine, la fragile, la myope Barbara.

Ah, oui. Myope…

Juste avant l'entrée de scène, elle avait placardé sur le mur une petite glace bon marché. Elle s'y regardait toujours avant de se montrer au public, pour remettre en place une mèche un peu folle, effacer une ombre sur le nez… C'était une habitude ; un réflexe plus qu'une nécessité. Alors parfois, évidemment, on retournait le miroir côté carton… ça ne la dérangeait pas du tout. Elle se recoiffait devant le carton avec la même application, avec le même petit geste.

Pire encore : le piano était de l'autre côté de la scène… à 3,87 mètres précisément. Elle avait compté : ça lui faisait quatre pas plus un quart de pas… Elle pouvait ainsi s'avancer devant le clavier, sans que le spectateur puisse s'apercevoir de sa myopie, alors qu'elle ne s'apercevait même pas du spectateur… Il nous suffisait donc d'avancer le piano de sept petits centimètres pour entendre avec délice le petit bruit de l'œuf sur le comptoir… un petit « poc » qui, en l'occurrence, était celui du genou de Barbara sur le montant du piano, infiniment plus jouissif, n'en déplaise à Prévert. Elle se retournait vivement vers la coulisse pour repérer les coupables. Nous étions évidemment d'autant plus hilares qu'on se savait invisibles, hors de portée. Elle ne voyait déjà rien à deux mètres, alors à 3,87 mètres !

Attention, il n'y avait là aucune méchanceté, nous n'aimions rien plus que Barbara… à part peut-être faire des blagues.

Et si, après ces histoires, on est en droit de penser que nous méritions des baffes, qu'on se rassure, j'en ai reçu plus qu'il n'en fallait.

CHAPITRE VI

Le miroir aux alouettes

J'ai toujours eu pour la télévision une certaine gratitude. C'est là, aussi, que j'ai débuté. Et parmi les réalisateurs que j'ai connus, incontestablement, Jean-Christophe Averty en vaut deux. Il n'y a pas à dire, c'était vraiment un grand… malade.

Ah, oui… un malade, un fou…

… Un fou furieux, génial, et furieux… Oui, je sais, j'ai dit deux fois furieux, mais croyez-moi, il fallait ça… il n'y a qu'à regarder *Les Raisins verts* pour s'en convaincre.

Je connais des gens qui ont un grain, mais lui, il avait toute la grappe…

J'ai participé à plusieurs émissions, et j'ai donc eu le privilège de voir l'artiste en action… enfin de voir… On le voyait, c'est vrai, mais c'est rien à côté de ce qu'on entendait !

Je peux vous dire qu'on avait plus souvent la colère que le raisin !

Quand on répétait une séquence, il restait toujours dans la régie, au-dessus. C'est de là qu'il faisait la pluie et le beau temps sur le plateau...

Régulièrement – mais sans prévenir –, une averse de jurons nous tombait dessus...

... Ça, c'était le beau temps.

En ce qui concerne la pluie, c'était carrément la tempête ! Ça lui va bien, d'ailleurs, « la tempête »... Un coup de tonnerre entre deux éclairs de génie.

Et ça y allait !

On devait faire très attention aux signes avant-coureurs, parce qu'ils avant-couraient très vite. Pour un oui ou pour un non – mais un simple « peut-être » aurait suffi –, les machines de montage recevaient d'abord une avalanche de violents coups de tatane. Dans son élan, Averty sortait ensuite de sa cabine en hurlant : « Vous êtes tous des cons ! Je vous hais ! Je vous hais, bande de crétins ! », et on pouvait suivre son cri ininterrompu qui dévalait l'escalier. Là, il faisait irruption dans le studio, marchait droit devant lui, et se jetait sur le premier... piano venu !

Oui, piano... C'est d'ailleurs la première fois que j'ai vu quelqu'un jouer de la batterie sur un piano. Tsan ! Takatakatsan ! Tsan !

À la fin de sa symphonie endommagée, c'est-à-dire après épuisement total… de l'instrument – pour lui tout allait bien, il pétait toujours et la forme et les plombs –, il repartait dans sa cabine, et on continuait…

C'est sur ce champ de bataille qu'ont poussé les plus belles idées de la télévision de cette époque. Un délire visuel de vraies chausse-trapes et de faux-semblants.

Je me sens décidément plus en sécurité avec les fous, parce qu'ils inspirent la vigilance.

La télé au fluor, qui sent la savonnette jusqu'aux gencives, la télé qui sourit à s'en mordre les oreilles, elle me fait peur… elle endort…

Attention, je n'ai aucune envie de dire du mal de la télévision gratuitement.

D'abord parce que j'ai une famille à nourrir, et surtout parce que ce n'est pas le sujet.

J'en parle en fait comme d'une maîtresse infidèle dont on attend tellement et qui donne si peu.

Je voudrais qu'elle m'apprenne le vrai avec du faux, mais elle fabrique du faux avec du vrai.

Pas facile de s'y retrouver.

Moi qui ne regarde pas énormément la télévision, la dernière fois que j'ai démarré mon poste, j'ai bien failli avoir un accident… Heureusement que j'avais mon airbag… l'esprit critique… en cas de choc frontal avec la connerie, ça atténue la force de l'impact…

J'ai d'abord passé la première… forcément… Il faut y aller progressivement, si j'avais démarré en cinquième, j'aurais sans doute calé tout de suite…

Donc, j'ai passé la première… Là, je me suis senti en surrégime assez vite…

Le surrégime, c'est quand ça fait beaucoup de bruit et que ça n'avance pas. On reconnaît assez facilement celui qui roule tout le temps en première : dans la conversation, c'est celui qui ralentit tous les autres…

Bref, j'étais devant mon poste, et là, tout se mélangeait : la culture, le sport, le divertissement, la politique, le cul, la mode, tout… Mais surtout, au journal de 20 heures, j'ai assisté à un tour de magie époustouflant… En pleine guerre au Proche-Orient, à l'heure où le génocide tchétchène se porte bien merci, alors que les trottoirs abriteront bientôt autant de clodos que de poubelles, et tandis que la flamme sahraouie continue de se consumer dans l'indifférence générale, le journal s'est ouvert par :

« L'heure est grave, la nouvelle vient de tomber, c'est une catastrophe qui éclipse bien sûr tout le reste de l'actualité : à la veille du match, Zinedine Zidane a mal au genou » !

… Le bordel planétaire avait disparu derrière une rotule ! C'est pas de la magie, ça ?

Moi, comme je ne peux pas voir un tour de magie sans chercher le truc… j'ai cherché…

La diversion ? C'est vrai que les pickpockets nous heurtent le bras pour qu'on ne sente pas qu'ils nous font les poches… mais ça ne dure pas, la diversion… alors quoi ?

… Finalement, je ne vois qu'une solution pour qu'un jeu ait tout le temps la priorité sur le reste du monde : c'est que le reste du monde ne soit qu'un ensemble de jeux !…

Et c'est parti !

Les chanteurs amateurs se réunissent pour jouer dans un château, et on les élimine les uns après les autres… Après, ils peuvent faire des disques où ils jouent à celui qui chantera plus fort que les Canadiens…

« Vous allez donc nous interpréter une chanson… ?

– Ben oui… Je crois que j'ai une bonne préparation physique, j'ai sauté deux octaves et demi à l'entraînement ; là, j'espère en passer trois… »

… Le moteur n'est pas l'émotion, c'est le concours…

Pareil pour la culture à la télé… Franchement, ça revient à jouer à celui qui a la plus grosse. La plupart du temps, ils ne sont pas cultivés, ils sont culturistes. Des culturistes de bibliothèque, soit, mais culturistes quand même. « Hé, psst ! Tu l'as vu mon triceps de géométrie ? »

… Le moteur n'est pas la curiosité, c'est le concours…

Des témoignages partout… « Mon nain de jardin est pédophile », « Mon poisson rouge est neurasthénique », « Je fais le grand écart avec les bras », « Je fais le bras d'honneur avec les pieds », « C'est mon choix » et je vous emmerde…

Depuis toujours, à la télé, on ne fait que passer ; maintenant, en plus, c'est pour un con.

Et puisque évidemment on les sélectionne… c'est un concours !

Après un aquaplaning sur la grille de programmes, je suis venu m'écraser sur une lofterie… Là, entre un concert de rots et deux séances d'épilation de groupe, c'est la vie en soi qui devient un jeu.

J'ai eu l'impression de les voir tous, les uns après les autres, s'étaler sur du papier tue-mouches. Les pattes engluées dans les coulures de sirop jaunâtre, ils essayaient de continuer à battre des ailes en souriant, malgré tout. Et quand il y a un peu trop de mouches, on met un autre papier encore plus jaunâtre, encore plus tue-mouches… C'est vrai que c'est crétin les mouches… mais j'en ai pourtant jamais vu se bousculer pour aller sur le papier.

Le téléspectateur, lui, ne bronche pas. Tant qu'il en voit assez pour se persuader de n'être que le deuxième con venu, ça lui va très bien comme ça. Il trouve juste que c'est plus facile de voter à la maison pour le jeu « variété » que de se déplacer pour le jeu « politique »...

Parce que la politique aussi est un jeu... mais là, le champion prend les millions d'abord, et c'est seulement après qu'il refuse de répondre aux questions... Gagner une élection, c'est comme gagner une course cycliste : c'est plus une victoire, c'est un flagrant délit !...

Mais il faut les comprendre, aussi, ces pauvres élus... c'est pas facile... Ils se cognent des années d'études, des années à avaler couleuvres et petits fours entre deux indigestions de mousseux tiède, des années passées à prendre des vestes qu'ils venaient juste de retourner, tout ça pour voir dans les stades des gamins de dix-huit ans en short gagner des sommes colossales... C'est à vous dégoûter d'être malhonnête...

Dans cet impitoyable monde du silence, les petits poissons finissent dans un bocal à barreaux. De là, ils regardent s'ébrouer leurs anciens amis requins qui font semblant de ne pas les reconnaître... Ils ont perdu le monde, mais ils garderont le silence. En souvenir.

Heureusement, la télé veille. Elle invente des jeux où il faut balancer, mentir, dénoncer, et trahir pour gagner... Et comme pour le téléspectateur, toute la vie n'est qu'un jeu, il trouvera normal qu'en politique aussi, ce soit le « maillon faible » qui serve de fusible.

... Et le téléspectateur ne bronche pas.

Le cerveau classe, l'estomac malaxe... En entretenant la confusion des genres, la télé transforme les cerveaux en tube digestif. Le téléspectateur a faim, mais il ne sent plus le goût. Il peut manger n'importe quoi pourvu qu'il mange...

Il se sent seul ? Entrer dans la vie privée des stars lui donne de nouveaux amis... Il a peur ? Navarro et Julie Lescaut veillent, il peut dormir tranquille. Il est en colère ? Il va défouler sa rage avec Rambo, comme il défoule sa libido avec la cul-star de service, et son ambition avec les vedettes champignons.

La machine à faire prendre des lanternes pour des messies a réussi son coup : elle lui a « changé les idées »...

...C'est grave, de se faire changer les idées... il faut pas laisser faire ça à n'importe qui...

Averty devait le savoir. Il mélangeait peut-être tout et son contraire, mais il ne mélangeait jamais tout et n'importe quoi.

Moi, j'aime tout... mais la culture, c'est pas le divertissement... le sport, c'est pas la vie... la politique, c'est pas un jeu télévisé...

Si on salit le nom de « culture », n'importe quel Messier pourra encore nous faire croire qu'être mégalomane ça veut dire aimer la musique…

Si on salit le mot « politique », comment va-t-on appeler celui qui voudrait juste réfléchir au moyen d'« être plus heureux ensemble » ?…

Tant qu'il sera plus grave de rater le départ d'un cent mètres que de se faire livrer des valises de billets à l'Hôtel de Ville, tout est possible.

Tout.

Et la prochaine fois, la bête immonde ne s'arrêtera peut-être pas au deuxième tour.

CHAPITRE VII

Euh…

Au panthéon de mes plus belles peurs et de mes plus beaux fous rires, les pièces de Mrozek que j'ai jouées avec Yves Robert ont une place privilégiée.

C'est sur audition qu'il m'avait choisi pour partenaire, sans savoir que nous le serions encore pendant de longues années. À cette époque-là, il était déjà une grosse vedette de cinéma, de théâtre, et le metteur en scène de films à succès. Moi, je n'étais qu'un jeune comédien, et ma hantise, alors, était le trou de mémoire. Je l'ai toujours, d'ailleurs ; c'est impossible de s'en débarrasser. La différence entre un acteur chevronné comme Yves et un débutant comme moi, ce n'est pas d'avoir des trous ou pas, c'est de savoir les gérer.

Moi, quand j'ai un trou, j'ai une méthode très simple : je reste tétanisé, pétrifié, statufié, comme un bloc de pierre qui transpire à très grosses gouttes, une fontaine, une cataracte de sueur, tandis que mes mains sont agitées de spasmes irrépressibles qui remontent jusqu'aux épaules, d'où je regarde mon partenaire avec un œil rond, vide, exorbité, vitreux, sans plus aucune lueur de cette intelligence et vivacité d'esprit qui ont fait ma légende, tandis que ma bouche s'ouvre et se referme à la recherche d'une goulée d'air pour essayer de lancer un cri de détresse qui ne viendra jamais.

Alors, bien sûr, cette méthode a quelques petits inconvénients : non seulement elle plante mes partenaires, mais en plus, tout le monde s'en aperçoit dans la salle. On entend murmurer d'une rangée à l'autre : « Il a un trou, il a un trou… » ; et tandis que la rumeur fait le tour des spectateurs, j'entame une longue, une vertigineuse descente au fin fond de mon trou de mémoire – une descente en rappel, bien sûr, je n'ai jamais su résister aux rappels.

Curieusement, Yves, lui, réagissait de façon très différente. En tout cas, c'est ce que j'ai compris le soir de la générale – et je ne vous dis pas la générale – puisque finalement, c'est lui qui a eu un trou. Et je ne vous dis pas le trou.

Ou plutôt si, je vais vous le dire…

Je le vois d'abord s'approcher de moi tranquillement. Son visage est serein, peut-être même illuminé par un léger sourire. Devant une telle aisance, ni la salle ni moi ne pouvons l'imaginer en panne : nous mettons ce silence inspiré sur le compte d'un temps de jeu, dense, nourri... et puis, arrivé à ma hauteur, il me presse vigoureusement le bras et me glisse à l'oreille : « À toi. »

Et je le vois retraverser la scène, léger comme un pinson, pour retourner à sa place initiale d'où il feint d'attendre ma réponse avec beaucoup d'attention... et un brin d'impatience !

À moi ? À moi ? Mais qu'est-ce que je peux répondre, moi, à quelque chose qu'il n'a pas dit ? ! Si je dis ma réplique sans la sienne, le public ne va rien comprendre ! Donc je dois remplacer sa réplique... mais c'était quoi, sa réplique ? Peut-être que je peux la retrouver par déduction, en partant de ma réplique à moi... mais d'ailleurs, c'est quoi, ma réplique à moi ? Et paf ! Trou !

Ni une ni deux, la machine infernale se met en branle : paralysie, bouche ouverte, transpiration, agitation convulsive des mains, demandez le programme ! C'est plus qu'il n'en faut à la salle pour frémir : « Tiens, le jeunot, il a un trou ! »

Et tandis que j'enfile mon équipement pour m'adonner aux joies de la spéléologie textuelle, en d'autres termes, à peine ai-je mis le pied dans la grotte que je vois mon Yves, l'œil ostensiblement rigolard, qui enchaîne... deux pages plus loin !

Non seulement il ne se torturait pas l'esprit pour une réplique, lui, mais il venait d'en sauter vingt avec cette assurance un rien condescendante que peuvent avoir les maîtres nageurs sauveteurs disant à la veuve ou à l'orpheline « Je n'ai fait que mon devoir ». De sorte que dans un soupir général de soulagement, la salle tout entière lui savait gré de m'avoir sauvé la mise.

« On s'en est bien tirés », me dira-t-il un peu plus tard dans les coulisses, avant d'aller plonger dans un bain d'accolades fraternelles et admiratives.

Tous ses amis étaient là. Et quels amis ! Godard, Sautet, Dabadie... On me félicita aussi, bien sûr, mais un peu trop gentiment – après tout, un petit trou de mémoire de la part d'un jeune comédien, ce n'était pas si grave ! Et puis, me dit l'un d'eux, quand on joue avec Yves Robert, on doit se sentir sécurisé, non ? J'étais acculé à l'affirmative, et prenais soin toutefois de dissimuler ma main gauche qui tremblait encore.

Nous n'étions pas seuls, dans cette aventure. Il y avait sur le plateau un troisième larron, Marco Perrin, et à la mise en scène Antoine Bourseiller. Deux personnalités aussi compatibles que Tristan et Juliette.

Faire du théâtre avec Antoine, c'était un peu comme entrer en religion. Il était passionné mais profondément intériorisé ; intellectuel et grave.

Marco, lui, pas vraiment. Il ne connaissait de Graves que le vin rouge, et son côté intellectuel est tout ce qu'il y a de plus intériorisé. C'était une nature, et une nature méridionale qui plus est.

Il se plaignait pendant les répétitions de ne rien comprendre à ce qu'il disait. « Oh, lala ! J'ai la tête comme un melon d'Égypte. » Moi, j'avais l'impression que moins il comprenait, meilleur il était. Autant dire que dirigé par Antoine, il était prodigieux.

Yves et moi entamions seuls le premier acte, et ce n'est qu'ensuite que Marco entrait en scène.

Un soir, nous le voyons surgir et en guise de salut taper des pieds à la manière d'un colonel allemand. Nous sommes un peu déconcertés, mais après tout pourquoi pas, on connaissait Marco, il inventait tous les jours…

Mais voilà qu'il se penche aussitôt en avant, une grimace de douleur aux lèvres, comme s'il venait de s'en écraser une en claquant des talons.

Il se trouve que les pièces contemporaines des pays de l'Est sont en règle générale assez rétives au coinçage de couille… Celle-là n'y fait pas exception, et nous partons en fou rire… Yves lutte vaillamment, réussit à enchaîner, les larmes aux yeux, et nous finissons la pièce tant mal que bien.

Évidemment, une fois dans les loges, nous avons voulu le sermonner… mais il avait l'air tellement contrit. Il fallait le comprendre, aussi ! C'était pas facile, pour lui, de chasser le naturel pendant une heure et demie, tous les jours, pendant des mois ; d'être sevré de cigales, interdit de galéjade, tout ça pour dispenser des réflexions profondes sur l'être et le non-être, sans un « putaing » qui dépasse !

Pleins de compassion, nous l'avons laissé sur la promesse de ne plus recommencer… Le lendemain, évidemment, il recommença.

C'était plus fort que lui ! Il a réitéré sa pitrerie toute la semaine. Normalement, elle aurait dû nous lasser dès la troisième fois… eh bien, pas du tout ! Et même pire : nous avions de plus en plus de mal à nous retenir ! Il faut dire qu'au-delà de la pitrerie, au-delà de notre fascination pour la constance qu'il y mettait, nous ne pouvions surtout pas résister à sa tête : il prenait un air de plus en plus désolé, impuissant, accablé, qui semblait nous dire que malgré tous les efforts du monde, ses pieds n'en faisaient qu'à leur tête.

Ce qui devait arriver arriva : un soir, notre vénéré metteur en scène nous rendit visite pour voir où nous en étions.

Yves et moi l'avons surpris qui prenait place discrètement derrière le rideau… Marco, lui, sans doute trop occupé à menacer ses pieds de représailles, ne s'aperçut de rien.

Avant le lever de rideau, nous riions déjà par anticipation, à la seule idée de la tête de l'abbé Bourseiller au retour de Marco dans les coulisses.

Un rire nerveux nous agita donc pendant tout le début de la pièce, et passa la vitesse supérieure à l'entrée de notre camarade, c'est-à-dire une fois assurés de sa gugusserie du jour…

La crise ne fit que prendre de l'ampleur au fur et à mesure qu'approchait sa sortie de scène. Quand il sortit enfin, Robespierre était là, figé comme une statue de commandeur. Et tandis qu'on s'essayait à continuer de jouer, on vit Marco se mettre à genoux devant Antoine, se frapper la poitrine avec ostentation, et répéter avec son accent inoubliable : « Je suis un misérable, pardong, pardong ! » « Et pour me faire pardonner, pleurait-il, j'offre à ta femme une bouteille de Guerlaing… (là c'était déjà très dur de garder le contrôle sur le plateau)… et une saucissonnade à tous mes camarades ! »

Je crois que c'est le mot saucissonnade qui nous a achevés ! Il venait de faire un crime de lèse-art dramatique, profaner gravement le temple du théâtre, et il proposait à son grand prêtre une saucissonnade ! Devant une telle candeur, une telle contrition, Antoine non seulement lui pardonna mais fut lui-même pris d'un fou rire, le premier sans doute de son existence.

Marco est resté sage pendant quelques jours… Et puis un soir, il a craqué. Antoine n'était pas là, mais je suis persuadé que ça n'aurait rien changé. Allez donc expliquer à un chat qu'il ne doit pas courir après les oiseaux.

Là, on était en pleine déliquescence. Le rire nous sortait par tous les pores de la peau. Yves fit fermer le rideau, s'excusa auprès des spectateurs, malgré tout ravis de cette complicité.

Il nous fallut reprendre notre calme et continuer la pièce…

The show must go on.

CHAPITRE VIII

La vinaigrette

Il y en a qui ont passé leur vie à chercher le secret de la pierre philosophale… celle qui transforme le plomb en or.

J'ai pour ma part rencontré un alchimiste qui avait découvert le secret de la vinaigrette.

La vinaigrette, c'est l'association impossible de deux ingrédients qui ne se mélangent pas.

Dans la vie, l'« enfance » et le « temps qui passe » sont comme l'huile et le vinaigre.

On peut toujours s'agiter dans tous les sens pour essayer de les réconcilier, mais dès qu'on se pose, l'un reprend immédiatement le dessus sur l'autre.

Yves Robert avait trouvé le secret de cette vinaigrette-là.

Bébert n'a jamais renoncé à son omnibus. Il a échappé à l'âge ingrat où on doit faire la guerre à ses boutons.

Qu'il ait des culottes courtes, le pyjama de Noiret ou les moustaches de Rochefort, à tous les âges de la vie, un peu de lui avait toujours dix ans…

Le voilà, l'âge du capitaine : dix ans… entre autres…

Quand il mettait en scène, il ne disait pas « Action », il disait « Jouez ! ».

Comme s'il n'y avait de création que dans la récréation.

Moi, il ne faut pas me pousser beaucoup… la récréation, c'est mon domaine. S'il y avait des grades, je serais ceinture noire de récréation… Bien sûr, de temps en temps, je travaille un peu pour me reposer. Mais si en plus on me demande de bien vouloir m'amuser, c'est de la provocation.

Dans *Le Grand Blond*, j'étais un violoniste de renom. Yves insistait donc particulièrement pour que j'aie une garde-robe irréprochable. Et ça, par contre, c'est beaucoup me demander.

On commençait la scène…

« Moteur…

– … Vous, je…

– Coupez !… Maquilleuse ! Il y a écrit quelque part qu'il est mécanicien, aussi ?

– Ben… non…

– Alors, c'est quoi, ces mains ? Emmenez-le se laver les mains. »

Un quart d'heure plus tard, on reprenait… « Moteur !

– Vous, je…

– Coupez ! Maquilleuse… où est-ce qu'il est allé se laver les mains ?

– Ben… dans la cour… pour gagner du temps, on n'est pas allés jusqu'à la caravane.

– Et qu'est-ce qu'il a fait, à ce moment-là ?

– Ben… il s'est assis.

– Il s'est assis… eh oui, bien sûr… Habilleuse ! Changez-lui le pantalon, il a les fesses blanches. »

Un quart d'heure plus tard…

« Moteur !

– Vous, je…

– Coupez ! Habilleuse… vous lui avez donc changé le pantalon ?

– Ben… oui…

– Racontez-moi ça…

– Ben… on est allés à la caravane, il a enlevé son pantalon…

– … Il a enlevé son pantalon, oui… et après…

– Ben… je suis allée lui chercher l'autre…

– Oui…

– … et il l'a mis…

– C'est tout ? Essayez de vous rappeler précisément ce qui s'est passé… C'est très important. N'omettez aucun détail…

– Ah, si ! Il m'a demandé un verre d'eau.

– … Un verre d'eau. Continuez, c'est intéressant…

– Ben… je suis allée le lui chercher pendant qu'il remettait ses chaussures.

– Tout seul.

– … Tout seul, oui…

– Vous l'avez donc laissé remettre tout seul ses chaussures de ville…

– Oui, je l'ai laissé tout seul remettre ses chaussures de… de… (*elle réalise*)… ville… »

Et ça pouvait durer des heures. Mais même quand monsieur Yves voulait se mettre en colère, le petit Bébert, dans un coin, rigolait comme un bossu.

Notre première rencontre, c'est une audition pour une pièce de théâtre dont il avait le premier rôle… Il y avait de très bons comédiens, plus expérimentés que moi, mais allez savoir pourquoi, c'est moi qu'il a choisi.

Nous avons joué cette pièce sérieuse, statique… mais allez savoir pourquoi, il m'a très vite offert un rôle physique et drôle dans *Alexandre le Bienheureux*.

J'étais jeune acteur débutant, et allez savoir pourquoi, il m'a poussé à écrire et il a produit mon premier film en tant que réalisateur... *Le Distrait.*

Allez savoir pourquoi...

Qu'est-ce qu'il a vu, que je ne savais pas encore moi-même ? Peut-être ce même frénétique goût du bonheur... Je ne sais pas.

Toujours est-il qu'il a fait le pari.

C'est toujours ça, une rencontre. Un pari.

Évidemment, un pari, ça peut se perdre... mais c'est le jeu, d'être déçu parfois.

On ne peut pas faire l'économie de la douleur si on veut des rencontres qui vaillent le coup.

De ces rencontres qui ne tiennent à rien mais qui changent tout.

Dans le milieu du cinéma, où la plupart des prétendus bons génies cherchent surtout à se faire frotter la lampe, j'ai largement eu de quoi me méfier, me fermer, me barricader...

Alors, entrer dans le cinéma avec Yves est un cadeau inestimable. Il m'a appris à laisser la porte ouverte. Il m'a montré qu'il était possible d'écouter ce que dit quelqu'un sans avoir à se demander d'abord pourquoi il le dit.

Il m'a appris que l'innocence ou la gentillesse de Bébert n'étaient pas de la faiblesse, mais un trésor qu'on doit protéger.

Et pour le protéger, il n'y a rien de tel que de le laisser jouer sur ce bateau qui navigue sur la « grand mare des canards » ; ce bateau qu'on peut appeler « l'arche de Noé », « le clan », ou plus simplement, comme dans son film, « les copains ».

Je vois trop de gens qui ont préféré mettre leur Bébert au placard. Ils n'ont pas l'air de se douter qu'un jour, il va leur demander des comptes.

C'est ce qui a dû arriver à Yves avant de partir. Mais il n'avait pas de souci à se faire. Il pouvait regarder l'enfant qu'il avait été droit dans les yeux. Sans baisser la tête. Il ne lui a jamais lâché la main. Il ne l'a jamais oublié dans un placard.

Bébert devait être très fier d'Yves. Au moins autant qu'Yves devait aimer Bébert.

Il a tout fait pour l'entendre dire :

« Même si j'aurais su, j'aurais venu »…

… Et je suis sûr qu'il le lui a dit.

CHAPITRE IX

Ce Jean-là ou la farce tranquille

« Un billet de seconde pour Chartres, s'il vous plaît… »

Il est minuit, et je vais prendre le dernier train, comme tous les soirs. L'agent de gare actionne mollement sa machine, comme tous les soirs ; bref, tout se passe comme tous les soirs… si ce n'est que là, une petite voix me passe par-dessus l'épaule et s'exclame :

« Et allez, il recommence ! »

L'agent ne réagit pas tout de suite… La voix reprend :

« Il vous demande un billet de seconde, mais il monte toujours en première avec moi ! »

La voix, c'était Carmet. Lui aussi jouait au théâtre, lui aussi prenait le train pour Chartres, puisque lui aussi tournait dès le lendemain matin dans le nouveau film d'Yves Robert : *Alexandre le Bienheureux*… Seulement voilà, ce n'était pas son premier film, lui ! Et des billets de train en première, il pouvait s'en payer des wagons...

Après une attaque aussi mesquine, et devant l'œil inquisiteur du préposé, il me fallait réagir promptement ; alors, du tac au tac, j'ai rougi ! Évidemment, Carmet n'a pas attendu que je passe au vert pour redémarrer :

« J'ai trop de respect à l'égard de la compagnie des chemins de fer pour laisser perpétrer cette pratique scandaleuse ! D'autant plus que renouvelée tous les soirs par ce sinistre individu, elle peut conduire votre honorable entreprise à des difficultés financières certaines, monsieur le préposé ! »

Il avait adopté une de ses positions favorites, celle du Français très moyen, très humble et très offensé. C'est une des figures de son répertoire qu'il réussissait le mieux, et il ne manquait jamais une occasion de l'exécuter en public avec sa souplesse habituelle... Il faut dire qu'il n'aimait rien tant que se répandre en dévotes courbettes devant le plus petit fonctionnaire venu. Voir se gonfler le thorax de son interlocuteur tout surpris qu'on lui donnât tant d'importance le réjouissait au plus haut point...

Ça n'a pas loupé. J'ai vu subitement pousser au-dessus de l'œil du guichetier un sourcil suspicieux :

« C'est vrai, ça ? »

Je proteste bien sûr avec un petit rire nerveux :

« Pas du tout, monsieur ! Il plaisante, c'est un ami ! »

« Quoi ? Un ami ? ! Lui ? ! conteste Jean. Mais pour qui me prenez-vous ! Je n'ai jamais dénoncé un ami, monsieur l'agent ! Même pendant la guerre ! »

Là, je contre-attaque :

« Même pas un petit juif par-ci par-là ?

– Ah ben si, bien sûr, mais c'était pas des amis !

– Alors il n'y a pas de mal... » conclut hélas le préposé, complètement dépassé par ce règlement de comptes surréaliste.

« Donc, reprend-il en me regardant, une première, ou une seconde ?

– Une seconde ! »

Je n'allais pas me laisser piéger par Carmet, et de toute façon, ni mon portefeuille ni moi n'en avions les moyens.

« Et moi, une première, confirme Jean.

– Une seconde, dit l'agent...

– Non, je vous demande une première.

– Et moi, je vous demande une seconde pour vous rédiger votre billet en première.

– Alors, vous pouvez en prendre deux.

– Deux billets ?

– Non, deux secondes. »

Derrière le guichet, ça soupirait sec. Visiblement, il avait du mal à suivre, et nous, quand ça suit difficilement, on pousse le grand braquet.

« Alors, tu montes en seconde avec moi ? lui dis-je étonné.

– Moi ? En seconde ? Alors ça, ce serait une première !

– Pourtant, la première fois que je t'ai vu, tu allais en seconde.

– Oui, mais dès la seconde fois, j'ai pris des premières. »

On entendit alors le grognement sourd du guichetier, hagard, les ongles plantés dans son carnet à souches, qui dans un hurlement surhumain finit par nous lancer dans l'Hygiaphone :

« Bon ! Je donne une seconde au premier et une première au second ! »

Il nous avait coiffés au poteau… Il n'y avait plus rien à ajouter. En guise de conclusion, Carmet s'est contenté de se tourner vers moi :

« Et que je ne vous croise pas dans mon wagon ! Je vous préviens que je n'hésiterai pas à vous signaler au contrôleur ! »

Il a attendu que nous soyons confortablement installés dans le wagon de première pour rigoler un bon coup. Moi, après la honte de tout à l'heure, je tordais un peu le nez. Et plus il voyait mon nez se tordre, plus il rigolait. Alors, j'ai enlevé mon pantalon.

Non, je sais, ça n'a rien à voir. Si j'ai enlevé mon pantalon, ce n'est pas pour faire diversion, c'est parce que c'était la coutume. Nous étions seuls à voyager, à cette heure tardive, et nous avions un petit truc de nomade pour repasser nos vêtements entre deux voyages : on les plaquait sous la banquette.

Et nous voilà vautrés tranquillement dans le compartiment vide, les fesses en caleçon et le caleçon à l'air…

Cela faisait une bonne demi-heure que nous regardions passer les vaches, quand soudain, le train s'arrêta. Rambouillet. La seule escale avant notre destination. Et voilà que pour la première fois, un contrôleur monte à bord et se dirige vers notre petit intérieur. Il allait venir chez nous comme ça, sans frapper, sans prévenir, à cette heure tardive ? L'incrédulité le disputait à l'inquiétude.

Peu à peu, je vis se dessiner dans le couloir l'ombre sournoise de ce Nosferatu à casquette, cet empêcheur nocturne de se ventiler le postérieur en rond ; l'inquiétude prit le dessus… Juste avant que la peur ne me fasse claquer des fesses, j'ai dit à Jean avec l'assurance benoîte de celui qui croit tenir une idée géniale : « Tiens ! Je vais dire que je ne sais plus où j'ai mis mon billet. »

Oui, je le concède, ce n'est pas l'idée du siècle. D'une part, parce que dans ces conditions, autant ne pas acheter de billet du tout… et d'autre part, parce que si notre visiteur du soir était de surcroît un mauvais coucheur, je risquais une amende autrement plus salée en l'absence de billet qu'en cas de différence de classe.

Mais non. Le réflexe a pris le pas sur la réflexion. J'ai spontanément trouvé la distraction plutôt pardonnable, et le flagrant délit de grivèlerie carrément humiliant… Mes relents d'éducation avaient déjà choisi pour moi. Pas question d'essuyer le regard méprisant de l'intrus ; et pour défendre chèrement ma dignité, je me suis dressé sur mes deux jambes, le menton relevé… et le slip de travers.

J'avais joué, j'avais perdu, voilà… Voilà aussi ce qui nous différenciait à ce moment-là, Jean et moi. Je n'avais ici joué que par nécessité, et du bout des doigts ; tandis que lui n'avait pour seule nécessité que de jouer, et jusqu'au bout des ongles.

L'agent ouvrit la porte. Bien qu'il fût sans doute le mieux placé pour savoir qu'un arrière-train peut en cacher un autre, nous le vîmes accuser le coup en découvrant les deux éphèbes que nous n'étions pas évoluer en petite tenue.

Jean, imperturbable, se dirigea vers la porte en réajustant un peignoir imaginaire, comme l'aurait fait un maître de maison surpris dans ses appartements privés.

« Veuillez pardonner nos tenues, monsieur le contrôleur… n'y voyez surtout pas quelque irrespect pour votre fonction, j'ai personnellement trop de considération pour les chemins de fer français, et pour leurs représentants… mais voyez-vous, nous sommes de ces pauvres comédiens qui pour donner de la voix doivent prendre les routes, etc. »

S'ensuivit une avalanche de considérations sucrées à laquelle le contrôleur n'était absolument pas préparé… Un peu sonné, il trouva pourtant la force de hocher un peu la tête et de nous murmurer qu'il voulait voir nos tickets.

Jean s'exécuta avec ces ronds de jambes dont il avait le secret… tandis que je commençais à fouiller désespérément dans mes poches – de veste, pas de slip – avec des soupirs d'incompréhension :

« C'est pas croyable, ça ! Où est-ce que j'ai pu le mettre ?

– Monsieur l'agent, il fait semblant de chercher, mais il est dans sa poche du haut, là… C'est un billet de seconde, voyez-vous… »

… Et d'une main experte, Carmet plongea dans ladite poche pour en extirper mon pauvre billet…

Il se fendit ensuite d'un interminable discours sur l'amour qu'il portait à la SNCF, appuyant qu'il ne supportait pas qu'on la spolie, qu'il était d'ailleurs abonné à *La Vie du rail*, etc. Il me martela ensuite un discours moralisateur que reprit fièrement le contrôleur. Carmet était ravi. Le pauvre bougre, chauffé à blanc, faisait le numéro à sa place, et lui n'avait plus qu'à se charger de la ponctuation en me jetant des « Tiens, tu vois ! » à tout bout de phrase.

Ça, j'ai vu ! J'ai eu une amende carabinée dont je me serais bien passé à l'époque… En même temps, c'était une leçon inoubliable. Je venais d'être témoin pour la première fois de cette application au réenchantement du monde dont il ne s'est jamais départi : avec lui, tous les détails de la vie quotidienne pouvaient devenir des moments d'anthologie. Il suffisait de s'en donner la peine. Et c'est vrai que vu comme ça, il n'y a rien de moins grave que ce qu'on voudrait sérieux. Cette leçon valait bien une amende, sans doute… et elle fut entre nous le coup d'envoi d'une longue série.

Puisque nous en parlions, le slip par exemple, était une pièce vestimentaire essentielle chez Carmet. Une pièce maîtresse. Une clé de voûte.

Pour tout un chacun, c'est un petit bout de tissu qu'on enfile avant le pantalon, un petit objet intime qu'on ne partage qu'avec quelques initiés, qui vont de nos épouses aux copains de vestiaires…

Chez lui, c'était un drapeau qui portait ses couleurs, le bleu ; un étendard qu'il exhibait dès que l'occasion se présentait, ou même, et c'était encore meilleur, dès que l'occasion ne se présentait pas…

Le pantalon, lui, n'était que le voile qui recouvre un monument avant l'inauguration. On l'ôte pour découvrir le maréchal Joffre sur son cheval ou Molière en pleine méditation. Chez lui, une fois le ruban coupé, c'est le slip « bleu lapis-lazuli » qui apparaissait et qu'il exposait généreusement à la moindre pulsion cocardière.

Un jour, il m'en a prêté un pour me baigner dans sa piscine, et peut-être n'ai-je pas mesuré tout de suite l'honneur qui m'était fait. Je le confesse (et plutôt deux fois qu'une, si j'ose dire), j'ai commis un crime de lèse-Carmet : je suis parti sans le lui rendre.

Un mois plus tard, il m'appelle pour me prier de lui retourner le divin enfant. Évidemment, un mois plus tard, je ne savais plus où je l'avais mis. Mais plutôt que de lui avouer ma négligence, et espérant encore pouvoir le retrouver, je lui promis de m'exécuter. Et puis, que voulez-vous, la vie est ainsi faite que parfois, on pense à autre chose qu'à des slips. Je sais, ça pouvait lui paraître curieux, mais pour moi, en tout cas, il en était ainsi… en un mot, j'ai encore oublié.

Un mois plus tard, je trouvai une lettre recommandée, rédigée dans le plus pur style administratif, m'exhortant instamment à lui rendre son bien au plus vite. Là, j'ai commencé à sourire. J'ai eu tort.

J'ai reçu un nombre incalculable de mises en demeure de plus en plus catégoriques. À tel point que j'ai fini par aller dans la première boutique venue pour acheter le plus beau spécimen de slip bleu qu'on pouvait trouver, et le lui envoyer. La réponse ne se fit pas attendre. Il m'a retourné le colis à la face et en Chronopost avec ces simples mots : « Voleur ! C'est pas le mien ! »

Ça a duré des mois, jusqu'à ce qu'un soir de novembre, j'allume la radio et je reconnaisse sa voix :

« Je profite de mon passage sur les ondes pour réclamer instamment à Pierre Richard de me rendre mon slip bleu. Vous comprenez, disait-il à l'interviewer, ce n'est pas pour sa valeur, mais il m'avait été offert par une femme que j'ai beaucoup aimée. Il a une valeur sentimentale, et ça, ça n'a pas de prix. Tu m'entends, Pierre, implorait-il avec des accents d'une infinie tristesse, rends-moi mon caleçon ! »

Il usait du trémolo comme un concertiste, au point qu'il m'a semblé entendre son interlocuteur réprimer un pudique sanglot.

Le courrier que j'avais reçu les dernières semaines n'était sans doute rien à côté de la déferlante de lettres d'auditeurs compatissants qui a dû parvenir à la radio. Les jours qui ont suivi, il m'a même semblé dans la rue essuyer quelques regards révoltés, solidaires de mon sans-culotte.

Ce qui me console, au fond, c'est que dans ce grand élan populaire, parmi les témoignages d'encouragement des spectateurs, il a dû aussi recevoir, pour son plus grand plaisir, un nombre incalculable de slips bleus.

CHAPITRE X

Il était une mauvaise foi

La mauvaise foi, c'est un peu comme les matchs de boxe.

J'en ai souvent été spectateur, mais je n'ai jamais pratiqué...

... Puisque je vous le dis...

Et dans la mauvaise foi comme dans la boxe, il y a les amateurs et les professionnels.

La mauvaise foi amateur, qui a le don de vous pousser à bout parce qu'elle vous prend franchement pour un imbécile... et la mauvaise foi professionnelle, la mauvaise foi de haute voltige, comme on n'en trouve que chez les acteurs, et qui en revanche, me réjouit plutôt.

Donc, « Il était une fois... une mauvaise foi. » ; ou si vous voulez, « Il était une mauvaise foi. »

… celle de Bernard Blier.

Lui, c'était un virtuose, un orfèvre. Une dentellière du prétexte fallacieux, un funambule de l'argument foireux…

… le tout avec la médaille d'or du sourire de bonze, et l'œil innocent d'un enfant de sept ans…

… Bref, il y était comme dans bien des domaines, inégalable.

Je m'en suis rendu compte dès notre première collaboration, sur *Le Distrait*…

Il faut dire que je ne lui opposais qu'une résistance très mesurée…

Mettez-vous à ma place… On m'avait offert l'immense Blier pour mon premier film en tant que réalisateur !… Je n'étais rien, il était tout… C'était mon premier film, il en avait fait cent quarante.

Il était sous mes ordres, et c'est moi qui étais terrorisé !

Vous me voyez en train de lui dire : « Je veux un peu plus de ceci, un peu plus de cela »… « C'est un peu mou, Bernard ! On la refait ! »

D'autant plus qu'il n'avait pas la réputation d'être facile… surtout avec les cons… Et comme on n'est jamais sûr de ne pas en être, dans le doute, je suis resté prudent.

Un matin, il est arrivé complètement embrumé. J'entends par « brume » un savant dosage de paresse et de mauvaise humeur… en gros, il était de mauvais poil, et en plus, dans la main…

Il avait un long monologue avec moi, qu'il devait dérouler au cours d'un long travelling dans un long couloir.

Des figurants nous croisaient, sortaient d'un bureau pour pénétrer dans un autre, bref, l'agitation d'une entreprise en pleine activité.

« Pierre, je peux te parler ?

MOI. – Je t'écoute, Bernard…

BLIER. – Je viens d'avoir une idée, là… et si j'avais un dossier dans les mains ?

MOI. – Un dossier ?

BLIER. – Oui, un dossier.

MOI. – Pour quoi faire ?

BLIER. – Pour quoi faire ? Mais pour faire P-DG ! Un P-DG qui se respecte, il a un dossier…

MOI. – Ah… mais… si vous voulez, Bernard… Assistant !

ASSISTANT. – Oui ?

MOI. – Donnez-lui un dossier !

ASSISTANT. – Oh, lala…

MOI. – Quoi, oh, lala ? »

L'assistant s'approche de moi et me souffle à l'oreille :

« Il sait pas son texte…

MOI. – Pardon ?

ASSISTANT. – Je le connais, quand il sait pas son texte, il demande toujours un dossier, et il met son texte dans le dossier.

MOI. – Mais il est pas toujours P-DG…

ASSISTANT. – Et alors ? S'il est militaire, il demande une carte d'état-major ; s'il est au restaurant il a un menu, je sais pas… ce que je sais, c'est que quand il sait pas son texte, même en deltaplane il réclamerait le journal de bord !… Tu vas voir, il va ouvrir son dossier au début du plan…

MOI. – Ah bon… euh… Moteur, action ! Vas-y Bernard…

BLIER. – *(Œil à gauche, œil à droite, il ouvre son dossier)* "Bon, Figuier, ce soir, vous irez au rendez-vous avec Gastié. C'est un client très important qui… euh…" *(cherche la ligne).* »

Oui, parce que le problème, c'est que lire un texte en marchant, ça accroît les difficultés considérablement. Il faut baisser les yeux pour lire, mais il faut les relever pour voir où on marche, et quand on les rabaisse pour relire, on ne sait plus trop où on en était… et le temps qu'on trouve, ça fait un blanc qui risque de passer pour un trou.

Y a eu le blanc. Alors j'ai dit :

« Coupez !

BLIER. – Pourquoi t'as coupé ?

MOI. – Parce qu'il y avait un blanc, j'ai cru que t'avais un trou...

BLIER. – Mais pas du tout, c'était pas un trou, c'était un temps ! Tu voudrais quand même pas que je balance le tout sans intention, sans virgule, sans point, sans rien...

MOI. – Non, bien sûr...

BLIER. – Alors !

MOI. – Au temps pour moi, Bernard !

BLIER. – Non, mais, franchement ! Cette mauvaise foi !

MOI. – On la refait !...Moteur... Action !

BLIER. – *(Il ouvre son dossier.)* “Bon, Figuier, ce soir, vous irez au rendez-vous avec Gastié. C'est un client très important, mais qui exige une discrétion totale sur... sur... enfin, bon, le...” Eh bien, coupez ! J'ai eu un trou !

MOI. – Oh, pardon, Bernard ! Je pensais que c'était un blanc !

BLIER. – ... Il était pas là, lui...

MOI. – Pardon ?

BLIER. – Le figurant... à la répétition, il était pas là.

MOI. – ... ben... si, Bernard...

BLIER. – Non, il était pas là ! Du coup, il a ouvert la porte et ça m'a gêné !

MOI. – Ah oui... Oui, maintenant que tu le dis...

BLIER. – Il était pas là...

MOI. – Il était… *(Vers le figurant.)* vous n'étiez pas là… à la répétition…

FIGURANT. – Si, monsieur… »

Et là, j'ai croisé le regard de Bernard… pas celui de l'enfant de sept ans, l'autre… le contrarié. Le belliqueux… l'équarrisseur des Batignolles… Celui qui n'a jamais croisé le regard de Bernard dans ces moments-là ne peut pas réaliser la frayeur qui était la mienne…

… Alors j'ai hurlé courageusement au figurant :

« Non, vous n'étiez pas là ! »

L'assistant, qui connaissait la musique, a mis la sienne…

« C'est vrai qu'il était pas là !

FIGURANT. – … Ah bon ?… »

Le figurant se rendait bien compte que c'était son tour de n'être rien en face de nous qui étions tout… il a vite réalisé qu'il avait le choix entre acquiescer et être d'accord ; aussi, après une seconde d'hésitation, il nous a dit :

« … Bon, ben… d'accord, alors… j'étais pas là.

MOI. – Voilà ! Et en plus, vous avez gêné Bernard ! Ça va pas du tout !

ASSISTANT. – C'est vrai que ça va pas du tout…

MOI. – Voilà… Donc, vous n'ouvrirez cette porte qu'après son passage… Comme on avait dit…

ASSISTANT. – Et il sera plus dans le champ…

MOI. – Voilà !... euh, comment ça ?

ASSISTANT. – S'il ouvre la porte après, il sera plus dans le champ...

MOI. – Eh bien... justement. Qu'il reste dans la pièce, on l'a assez vu ! Moteur !... Vas-y Bernard...

BLIER. – “Bon, Figuier, ce soir, vous irez au rendez-vous avec Gastié. C'est un client très important, mais qui exige une discrétion totale sur la nature du produit parce que...”

Y a eu un bruit de chasse d'eau ! Y a eu un bruit de chasse d'eau pendant que je parlais...

MOI. – ... J'ai rien entendu... Qui a été aux toilettes pendant la prise ?

ASSISTANT. – Personne...

BLIER. – Je l'ai entendu, il y a eu un bruit de chasse d'eau !

MOI. – Mais Bernard, regarde, il n'y a personne dans les... *(J'ouvre la porte.)*

... Qu'est-ce que vous faites là, vous ?

FIGURANT. – Vous m'avez dit de pas sortir, je suis pas sorti !

MOI. – C'est pas une raison pour tirer la chasse d'eau !

FIGURANT. – Mais j'ai pas tiré la chasse d'eau, monsieur !

MOI. – *(À Bernard)* Il a pas tiré la chasse d'eau !

BLIER. – Ah si ! Si, je l'ai entendu ! Il a tiré la chasse d'eau !

MOI. – *(Au figurant.)* Il l'a entendu !

BLIER. – Même que ça m'a troublé !

FIGURANT. – Mais monsieur, si j'avais tiré la chasse d'eau, je m'en serais aperçu…

MOI. – Écoutez, Bernard est quand même le mieux placé pour en parler !

S'il l'a entendue, c'est que vous l'avez tirée cette chasse d'eau !

FIGURANT. – Ah bon ?… ben d'accord, alors… j'ai tiré la chasse d'eau…

MOI. – Allez, on reprend ! »

Bref, tout y est passé… Pour finir, il s'en est pris au texte lui-même, si mal écrit, si incohérent, etc. Enfin, la dix-septième prise fut la bonne…

À la fin, il savait son texte ! Il avait eu le temps de l'apprendre, à force !… Il m'a rendu le dossier… en me reprochant de lui avoir conseillé de le prendre, ça le gênait pour s'exprimer…

Et puis le soir, quand tout le monde est parti, il vient me voir… Il a l'air contrit et repentant de celui qui veut se racheter une bonne foi toute neuve une bonne fois pour toutes…

« Pardon, Pierre… mais ce matin, en me réveillant, je me suis aperçu que c'était l'anniversaire de la mort de mon père… ça m'a tout tourneboulé…

– Je comprends, Bernard... si j'avais su, j'aurais raccourci le travelling...

– Non, le texte... t'aurais dû raccourcir le texte, ça m'aurait aidé... enfin ! »

Il réprime à grand peine un début de sanglot, et emporte avec lui sa lourde silhouette, le long du couloir. De dos, je le vois qui s'essuie le coin de l'œil d'un revers de manche. Le temps de s'assurer que j'ai bien vu qu'il ne veut pas que je le voie, et il disparaît...

L'assistant s'approche de moi et me glisse à l'oreille : « C'était la semaine dernière, son père... »

Et voilà. Jusqu'au bout, il n'avait pas baissé la garde.

Pourtant, c'est à ce dernier détail que sa mauvaise foi devenait plus réjouissante qu'insupportable : une date, ça ne se discute pas. Donc, il savait bien, au fond, qu'il avait tort...

Il y a décidément deux sortes de gens de mauvaise foi... les amateurs, sans excuse, qui se font avoir à leurs propres histoires, et les professionnels... comme Bernard... qui savent bien, au fond... mais qui s'amusent...

... Enfin moi, je dis ça... pour moi, c'est comme la boxe, la mauvaise foi... j'en ai souvent été spectateur, mais j'ai jamais pratiqué...

... Puisque je vous le dis...

CHAPITRE XI

Les amis

Parmi les moments que je préfère, il y a ceux qu'on partage avec des amis qui vous connaissent si bien qu'on peut se comprendre sans se parler… Ils sont beaux, ces silences-là.

Il faut dire que les hommes sont pudiques. On ne se dit pas facilement les choses entre copains…

Une fille, on l'embrasse, on lui caresse les cheveux, et on lui dit : « Je t'aime. »

Un copain, on lui tape le dos, on se moque gentiment de lui, et on lui dit : « Ça va ? »

Carmet et Blier le savaient bien.

Ils s'aimaient, ces deux-là… mais comme des hommes… sans se le dire… sans les mots…

… Pourtant, quand « l'un ou l'autre » avait une bouffée

d'amour pour « l'autre ou l'un », il fallait que ça sorte, c'était plus fort qu'eux…

Alors,… ils pétaient un coup.

Non, mais attention ! Pas un coup mesquin, ni un coup vulgaire ! Pas un coup gratuit, ou juste formel ! Non ! C'était avec du fond, chargé, lourd de sens, avec des vrais morceaux de franche camaraderie dedans… et tellement de pudeur…

Je connais des gens qui s'entendent bien, mais là, il était difficile de les entendre davantage… C'était des déflagrations d'amitié…

Il fallait les voir, au dîner…

Pour ne pas attirer l'attention, ils se regardaient avec tendresse tout en s'échangeant des mots doux sous la table dans leur langage parallèle… un langage tout en nuance qui allait du petit : « *Je t'aime bien, mon p'tit pote* », murmuré du bout des lèvres, jusqu'au magistral : « *Parce que c'était lui, parce que c'était moi.* »…

C'étaient les Montaigne et La Boétie de la détonation…

Leur amitié était un havre de paix que personne n'aurait osé troubler…

Il n'y avait rien à ajouter… on sentait bien que tout était dit… ça, on le sentait bien.

Ah, comme j'étais heureux sous les tirs croisés et répétés de mes impétueux amis ; comme il était bon de baigner dans cette ambiance de fraternité…

Et en toutes circonstances… dans la voiture… avant une prise… pendant la prise… jusqu'à me laisser sur le répondeur un petit bip, sonore à leur façon…

Mais si je recevais avec bonheur le témoignage de leur affection débordante, j'étais incapable de leur donner la mienne en retour… Mes vieux relents d'éducation aristocratique m'interdisaient la confidence… moi qui *rougissais encore au mot « chaise » pour ce que l'on y pose…* j'avais tellement de choses à leur dire qui ne sortaient pas…

« Tu sais pas ce que tu perds, me disait Carmet… C'est pas bon de garder les choses pour soi… »

Jusqu'au jour où ils ont décidé de m'initier une bonne fois pour toutes aux bienfaits de la grammaire abdominale.

Nous tournions *Le Grand Blond…* Je partageais la même caravane que Jean et Bernard…

Hormis Yvette – l'habilleuse – qui nous y rejoignait avant les prises, c'était notre territoire exclusif… un lieu propice à l'intimité.

Yvette n'était pas encore là, et nous prenions donc le café en petite tenue, comme toujours ; quand tout à coup, ils se sont levés cérémonieusement, comme jamais…

Apparemment, Jean était le porte-parole, puisqu'en me regardant droit dans les yeux, il me dit :

« Pierre, il faut qu'on te parle. »

Carmet, droit comme un I, figé par l'émotion, en caleçon « nid-d'abeilles », semblait pour une fois en mal d'inspiration.

Blier, droit comme un B dans son slip kangourou et les mains dans les poches, montrait son impatience en soupirant du haut de sa ventripotence.

L'heure était solennelle… Ils voulaient me convaincre ; ils ignoraient comment, mais savaient tous les deux que c'était le moment ou jamais…

… en fait, après un long silence…, je crois que c'est Carmet qui tira le premier…

Comment vous décrire ça,

Comment ne pas le trahir, comment traduire l'incroyable poésie de son intervention… c'est pas du mot à mot… mais c'est comme ça que je l'ai reçu.

…

Il libéra d'abord un vol de libellules,
Qu'il enchaîna de suite avec un point virgule…
« C'est le titre », dit-il, et sans formalité
M'offrit un éventail de possibilités…

« **P**étunias en bouquet pour les anniversaires,
Giboulée de pétoncles, à la fête des Mères…
Pour dire “Tu me manques”, c’est très fort et en l’air
Comme le naufragé sa bouteille à la mer.
Pour dire à un ami qu’on goûte sa présence
Il faut lui suggérer sans trop de pétulance
Mais pour les retrouvailles, allons-y franchement,
Tempêtons notre ardeur avec acharnement… »
Mon Carmet, disons-le, ne manquait pas d’adresse
Et il me fit cadeau d’un vrai feu d’artifesse.

Bernard, qui n’aimait pas qu’on vole sa vedette,
Tira à bout portant un « Saperlipopette ».
Carmet s’arrêta net, se retourna vers lui,
Au son presque gêné d’un robinet qui fuit…

Blier lui répliqua : « C’est un peu court, jeune homme.
On pouvait dire, Ô Dieu, bien des choses en somme
Et en variant le ton… par exemple, tenez…
Agressif : “Ça crépite comme une cheminée…”
Prétentieux : “Il ne sort qu’avec sa particule
Et pendant qu’on y est, voilà sa majuscule”
Habile : “Je le fais le plus discrètement,
À ta barbe, peut-être, mais à ton nez, sûrement”
Gourmet : “Il est tannique, il va vite en besogne,
Velouté, capiteux, il est mieux qu’un bourgogne”
En chanson : “Les paroles m’échappent, je les perds

Alors en attendant, en voici déjà l'air..."
Généreux : "Je te sais au bord de la faillite,
Et te prie d'accepter ces deux ou trois pépites"
Discourtois : "Entrer sans frapper est amusant,
Le mien, en plus de ça, va frapper en sortant..." »

Carmet était vexé, et puis avouons-le,
L'autre, ce matin-là, était un peu verbeux...
Aussi, pour le plaisir de la contradiction,
Il entreprit de dire une récitation.

Il décocha la fable où la brave Pérette
Brisait à grand fracas son petit pot au lait...
Mais là, le pot au lait était une opérette,
Et la pauvre Pérette un peu trop potelée.
Quand il a libéré les vaches, les cochons, les veaux et la couvée,
J'ai senti mon Blier un rien démotivé...
Peu importe, il fallait qu'il prenne sa revanche
Quitte à s'écarteler le tunnel sous la hanche...

Carmet, après l'effort, avait l'air satisfait,
Le teint un peu pâlot et l'œil ébouriffé.
Blier en profita pour lui faire la nique,
Et il lui proposa un duel en musique...
Là, il nous entreprit le big bang, la genèse,
De l'Ancien Testament jusqu'au Péloponnèse.

Le mur de Jéricho tenait toujours debout,
Quand Carmet décida que ça faisait beaucoup.
À peine mon Bernard sortait-il ses trompettes,
Que se réinvitait le Big Band de Pérette.
Le duel fut terrible entre les formations…
Après l'infanterie, on sortit l'aviation.
Les deux participants se donnaient de la peine
À s'en déboulonner le groupe électrogène.
Les poupons rouspéteurs pétitionnaient debout
La pétoire empêtrée ; ça partait de partout…

Quand ils ont eu fini, à court d'arguments et après les rappels, ils se sont tournés vers moi… Ils m'offraient le mot de la fin… impossible, je ne pouvais pas…

Finalement c'est l'horloge qui a eu le dernier mot, puisqu'à 8 heures pétantes nous avons vu apparaître la pauvre Yvette par la fenêtre ! Sauvé par le gong !

Le temps pour nous d'enfiler un peignoir, et nous sommes sortis… comme si de rien n'était, la saluant même au passage… « On revient de suite »… elle n'en est jamais revenue…

Nous l'avons laissée ouvrir derrière nous la porte de la caravane…

Nous avons compté jusqu'à trois… chacun à notre manière…

Ce qu'elle a hurlé dans les secondes qui ont suivi appartient désormais à l'histoire…

Beaucoup plus tard, j'étais aux État-Unis, on m'a appelé pour m'annoncer que Carmet avait poussé son dernier soupir.

J'ai eu beau faire, je n'ai pas pu être là pour la cérémonie... Quand je suis rentré à Paris, ma première visite a été pour lui, au cimetière Montparnasse.

J'ai eu du mal à trouver la tombe... Il était si discret, lui aussi...

Elle n'était pas tout à fait finie... il ne l'a jamais vraiment été, lui non plus...

Alors je me suis assis là.

À attendre quelque chose qui ne venait pas.

On le fait quelquefois dans la vie... même avec des amis... Avec lui, jamais.

Au contraire, il venait toujours des choses qu'on n'attendait pas.

Et là, pour la première fois... C'était bien fini.

Putain que ça passe vite.

Je me retrouvais là avec tous ces mots d'amour que je n'ai jamais dits, et que je ne dirai jamais.

Tu avais raison, Jeannot. C'est pas bon de les garder pour soi...

J'ai l'air de quoi, maintenant...

... Ça m'apprendra.

...

alors...

… pour la première fois…
J'ai pété.
Je crois même qu'il a rigolé.
… je crois…

CHAPITRE XII

Acteur ou taulard ?

J'ai commencé à me poser des questions en prison… C'était à Fresnes.

Je n'y étais pas en tant que taulard, j'y travaillais.

Je n'y travaillais pas en tant que gardien, j'y tournais…

La séquence du jour était simple : « Je suis avocat, et je traverse la prison pour aller rendre visite à mon client. »

Cette séquence était à la fois une bonne et une mauvaise nouvelle…

La bonne : elle était tournée dans la continuité, donc pas besoin de la filmer dans tous les axes.

La mauvaise : elle était tournée dans la continuité ; donc, à la moindre erreur, on reprend tout depuis le début…

Et on reprend quoi ? La traversée d'un couloir ponctué de cellules…

Chacune d'elles était habitée par une paire d'yeux… des yeux de plus en plus tristes au fur et à mesure que je passais les grilles qui découpaient le trajet…

Le plan se terminait par une ultime cellule, avec un ultime regard plus accablé que les autres.

« On la refait, et vite ! » propose le réalisateur de sa voix enchanteresse…

Je remonte donc le couloir pour regagner le point de départ.

Deux fois, trois fois, dix fois, douze fois, et toujours ce dernier regard si insistant qu'on le dirait privé de paupières…

À la dix-neuvième prise, la dernière paire d'yeux m'appelle…

Je revêts alors l'attitude humble et pénétrée de celui qui sait la dureté des choses… et qui comprend combien il est cruel qu'une vedette de cinéma vienne ici exhiber sans vergogne son savoir-plaire…

Vite, me dis-je… une phrase humble et pénétrée aussi… euh…

« Ça va ?…

– … Et tu l'as recommencé combien de fois, ton bazar, là ?

– … J’ai fait dix-neuf prises, pourquoi ?…

– …*(un temps)*… Ben, mon pauvre vieux, j’aimerais pas être à ta place… »

Je suis là, star de cinéma, en train de tourner un film écrit pour moi, dont j’ai le premier rôle, avec toute une équipe aux petits soins… et c’est lui, lui du fond de sa cellule, qui me dit ça ? !

Déconcerté, je cherche vite une autre phrase aussi humble et pénétrée que la première…

« Et sinon, vous faites quoi dans la vie, vous ?

– J’ai raté une prise d’otage… »

Non mais, vous vous rendez compte ?

Il préférait faire une prise et être derrière les barreaux, plutôt qu’être devant et en faire dix-neuf…

Le soir, en rentrant chez moi, j’ai pas arrêté d’y penser…

La machine à questions était en marche…

Est-ce qu’il est vraiment plus heureux que moi ?

Qu’est-ce qu’il me manque ?

Et puis c’est quoi, le bonheur ?…

Où est-ce que j’ai mis mes clés ?

Pourquoi le boucher dit toujours : « Y en a un peu plus, je vous le mets quand même ? »

Autant de ces questions qui vous assaillent quand vous êtes seul avec vous-même…

Moi qui vous parle, j'ai souvent remis ces questions à plus tard,… et mon courage à demain…

Mais là, c'en était trop ! J'ai décidé de prendre le problème à bras-le-corps…

Alors… acteur, ou taulard ?

Le taulard, on le met à l'ombre… l'acteur, aux salles obscures.

L'acteur, c'est strass et paillettes… le taulard, c'est stress et paillasse…

Le taulard est au trou, l'acteur veut faire le sien.

Bon.

Prenons un acteur lambda, parce que c'est pratique, et un prisonnier lambada parce que c'est plus gai.

Le bandit, tous les matins, à l'aube, prépare son coup.

L'acteur, tous les matins, dès 14 heures 30, répète sa pièce.

À l'heure H, le bandit entre dans la banque.

À l'heure H et quart – parce qu'il ne commence jamais à l'heure –, l'acteur entre en scène.

S'il réussit son coup, le bandit a plein de pognon et l'acteur a plein de pognon aussi.

Mais s'il rate son coup, le bandit va aller sous les verrous, tandis que l'acteur ne saura plus vers où aller.

Là, l'acteur voudrait qu'on le reprenne, le taulard s'en fout, il est déjà pris.

Le taulard sait qu'il en a pour trois ans ; l'acteur ne sait pas s'il en a pour deux mois ou pour perpète…

Le taulard est logé et nourri, l'acteur ne sait pas avec quoi il va manger… Alors qu'est-ce qu'il fait, l'acteur ? Il attaque une banque, et il fait du théâtre en prison…

Donc CQFD, la preuve est faite : je n'ai toujours pas répondu à mon problème.

Et c'est un problème !

Parce qu'on dirait pas, mais à moi aussi il m'arrive de nager comme un poisson sans eau.

À moi aussi, il m'arrive de pleurer comme une madeleine sans Proust.

Si je revoyais mon taulard… j'aurais un truc à lui demander :

« C'est quoi, le bonheur ? »

Obsédé par cette question, je me vois retourner à la prison, pour lui demander ce qu'il voulait dire.

… Pas de chance… il s'est évadé la veille…

« Évadé ? ! Mais pourquoi ? Pour quoi faire ?

– Allez savoir, me dit le maton… Il a dû fuir le bonheur de peur qu'il ne se sauve… c'est courant, chez les détenus… »

Et il me raccompagne à la porte ; il a l'œil pensif et mi-clos d'un homme complètement plein ; de sagesse, de compassion, et de tant d'autres choses à 12,5°…

« Reviens quand tu veux, tu es ici chez toi… et t'en fais pas pour lui, va… il est sûrement plus heureux là où il est…

– Ah bon, vous croyez ?… Mais alors… vous qui savez… dites-moi… c'est quoi, le bonheur ? »

À ces mots, Fredo… – oui, il s'appelait Fredo, ou Freud, je ne me rappelle plus… – pose fraternellement sa main et sa matraque sur mon épaule.

« Le bonheur, me dit-il en se curant le nez… le bonheur, c'est changer d'ennui… »

Sans rien ajouter, il pousse d'abord un soupir, puis la porte.

Je suis trop bouleversé pour l'entendre se refermer derrière moi, dans un fracas pourtant assourdissant…

Je suis sur le pavé, hébété, répétant mécaniquement l'inestimable sésame…

« Changer d'ennui… changer d'ennui… »

Je me retourne vers la porte sinistre, lève les yeux sur le mur d'enceinte jusqu'aux dents, et crie :

« Mais… c'est de vous, ça, ou c'est de lui ?

– C'est de Colette ! »

Aussitôt, les prisonniers qui visiblement se posaient la question aussi, se mettent à crier en agitant leurs barreaux : « À poil Colette, à poil Colette ! »…

… Et je m'éloigne de la prison, libéré, comme illuminé de l'intérieur par cette révélation…

… Ainsi, tout ce que je cherchais serait là…

… Le bonheur tiendrait donc dans cette si petite phrase…

… « À poil Colette »…

CHAPITRE XIII

Le petit conservatoire de Mireille

Un jour, je suis passé à soixante-quinze centimètres du bonheur… peut-être même soixante-dix… Non, parce qu'en parlant de Colette, j'ai quand même tourné avec Mireille Darc à poil.

Enfin… « Mireille Darc à poil »… évidemment c'est pour la formule, sinon c'est complètement inapproprié… je ne peux pas accoler autant de grâce et autant de trivialité. C'est aussi improbable que « dentelle de choucroute » ou « bas résille à pistons ».

… Surtout pour un moment comme celui-là… hors du temps… irréel…

Je crois que je n'oublierai jamais sa courbe sublime, son teint diaphane, et ses yeux de tronçonneuse…

Oui, ses yeux de tronçonneuse… parce qu'elle avait donné des consignes très strictes, et entendait bien qu'elles soient respectées. Il faut la comprendre, elle devait quand même traverser la pièce entièrement nue pour me rejoindre dans le lit… Alors, avant de commencer, elle avait mis dehors la quasi-totalité de l'équipe de tournage, et s'était tournée vers moi… « Pierre, tu me regardes dans les yeux… si tu t'aventures ailleurs, je t'en mets une… »

Et c'est parti… MOTEUR !

Elle enlève son peignoir.

Dos à la caméra, elle s'avance vers moi… la voilà qui s'approche…

Chacun de ses pas fait tressauter sa chevelure qui illumine la pièce.

À ce stade-là, on ne dit pas qu'elle prend la lumière, elle est la lumière.

Les yeux, rien que les yeux, sinon, c'est la baffe… je me répétais ça…

Si mon regard trébuche, ma joue ne s'en relèvera pas…

Rien que les yeux… elle est marrante, elle…

D'abord, c'est très dur de regarder quelqu'un dans les yeux, on sait jamais lequel choisir… alors si en plus, 75 centimètres plus bas… c'est rien, 75 centimètres…

C'est pas humain…

J'ai tout envisagé… tous les stratagèmes… surtout les plus courageux…

Je me disais… et si je balayais innocemment la pièce du regard ?…

… Non, elle va trouver ça suspect… D'abord parce que c'est bien la première fois qu'on me verrait balayer quelque chose, et puis surtout, elle est à l'affût du moindre écart de pupille…

Je pourrais éternuer… c'est une valeur sûre pour baisser la tête, ça, éternuer… mais ça veut dire aussi qu'on refait la prise ; et là, c'est le réalisateur qui va me tomber dessus… Alors, qu'est-ce que je fais ?…

Une poussière dans l'œil ! Voilà une bonne occasion de me le rincer. Ça chatouille, ça chatouille, et hop !… oui, mais là, je commets une grave erreur en me mettant le doigt dans l'œil : je mets carrément l'objet du délit en évidence…

Qu'est-ce que j'aimerais savoir faire le grand écart. Pas comme Van Damme, comme Sartre. Un œil qui cueille les cerises pendant que l'autre fait le guet… Je l'hypnotise du gauche, et je la visite du droit.

Je me tâte, j'hésite… j'hésite, et pourtant je la devine, plus bas, cette petite ombre sournoise qui m'appelle avec sa petite voix…

« Ohé !…

– … Oui…

– … Je suis là !…

– … Je sais…

– … Regarde-moi !…

– Non ! »

… Bon sang, c'est quand même pas grand-chose, 75 centimètres à parcourir… et encore, 75 centimètres là-bas, à l'arrivée… mais au départ ! dans mon œil…

Réfléchissez : si on prend une distance de 75 centimètres qui va d'un point « A », qui me surveille, à un point « G » parce que c'est plus poli, eh bien, pour embrasser cette distance : dans mon œil, ça fait quoi ?… 1,5 millimètre, 2 millimètres… à tout casser… mais c'est ces putains de 2 millimètres qu'elle surveille ! Alors… qu'est-ce que je fais ?… qu'est-ce que je fais ? !!

« COUPEZ ! »

… Trop tard… Mireille Darc était là, splendide, toute de rien vêtue, et j'ai pas bougé…

J'ai rien fait… et en ne faisant rien, je lui ai fait un terrible affront. Je l'ai bien vu dans son œil réprobateur, tandis qu'elle se rhabillait… Je lui ai laissé croire que cette vision de rêve ne valait pas une gifle… Alors que franchement… à ma place… il vous en faudrait bien davantage pour vous dissuader de déposer un regard sur le petit conservatoire de Mireille…

CHAPITRE XIV

Oury qui pleure, Oury qui rit

Les facultés de médecine, les chaires de psychologie, les chercheurs du CNRS, tireraient grand profit d'une étude approfondie de son cas... car indéniablement, Gérard Oury est un cas.

Moi, quand il m'est arrivé de jouer les malchanceux au cinéma, dans *Les Malheurs d'Alfred* ou *La Chèvre*, non seulement je ne me faisais pas mal, mais en plus, j'étais payé pour ça ! Lui, il m'a offert une quantité hallucinante de catastrophes en série, une palette de tuiles, savoureuses comme une ronde de desserts, un festival de chutes, une farandole de contusions en tout genre, qu'il accumulait sur sa tête dans le plus grand bénévolat.

Un jour, nous nous promenions « bras dessus, bras dessous »... moi dessus, on ne sait jamais... en cas de fuite précipitée… Eh oui, parce que, avec Gérard, cet enchevêtrement de bras, pourtant classique, peut vite tourner à la fracture. Nous nous promenions donc, lui bras dessous, moi bras dessus, dans la cour du studio d'Épinay où se tournait *La Carapate*.

Il me racontait quelque conversation qu'il avait eue avec Lino Ventura. « Lino me dit ceci, Lino me dit cela… » Je l'écoutais, je l'avoue, d'une oreille paresseuse. Il était question de son énième conflit avec la Gaumont, ou peut-être de sa façon, très personnelle, de faire les pâtes au pistou… je ne sais plus.

« Et Lino me dit, poursuit Gérard en s'arrêtant sur le chemin, je me suis enfoncé une aiguille dans le pied. »

Je ne voyais pas très bien le rapport entre l'aiguille dans le pied et les pâtes au pistou, mais, ravi de lui prouver que j'étais attentif à ses propos, je lui dis :

« Lino s'est enfoncé une aiguille dans le pied en faisant des pâtes ?

– Non, me répond Gérard en grimaçant, moi je me suis enfoncé une aiguille dans le pied.

– En faisant des pâtes ? »

J'y tenais à mes pâtes. C'était tout ce que j'avais pour lui manifester l'intérêt que je portais à la conversation.

« Non, là, maintenant ! »

Je baissai les yeux, et effectivement, une longue tige d'acier traversait sa chaussure d'où le sang commençait à couler.

Je ne savais pas quoi faire. Non pas que la vue du sang m'intimidât, non, bien sûr, mais… J'avais vu trop de cow-boys blessés qui expiraient au moment précis où on leur arrachait la flèche de la poitrine… Je décidai donc de remettre mon intervention à plus tard, et mon courage à demain… J'ai vaillamment hurlé : « Assistant ! »

Le premier assistant est arrivé en courant. Après avoir jaugé en un clin d'œil la gravité de la situation, il prit sa décision et il hurla à son tour : « Assistant ! »

Là, le deuxième assistant se précipita. Lui, en revanche, n'a pas appelé d'assistant, parce qu'il n'en avait pas. Il avait eu la bonne idée de se munir d'une grosse boîte à pharmacie, et finalement, bien qu'on retirât la flèche, notre cow-boy n'expira pas. On lui proposa, bien sûr, de le porter jusqu'à la pharmacie, mais, question d'honneur, il refusa catégoriquement. Il ne voulait en aucun cas mettre en péril le moral de ses troupes qui, évidemment attirées par ses cris d'orfraie, sortaient précipitamment du studio. Jamais il ne leur aurait montré l'image d'un chef diminué, mourant, qui sait ! Il prit une grande respiration et, dans un ultime effort, décida solennellement de s'y rendre à cloche-pied. Blessé, peut-être, mais debout… Et c'est ainsi qu'il se tordit la cheville en abordant la première marche de l'escalier qui conduisait à l'infirmerie.

Le lendemain, John Oury ou Gérard Wayne exhibait deux magnifiques bandages, l'un entourant sa cheville gauche, l'autre enveloppant son pied droit enfoui dans une charentaise.

Bon, tout ça peut arriver à n'importe qui, même à moi, après tout. S'enfoncer une aiguille dans le pied en marchant n'a rien d'exceptionnel... Là où il a commencé à m'étonner, c'est quelques jours plus tard.

Il repérait le décor naturel d'une cuisine de ferme dans laquelle on allait tourner sous peu.

« On ne vous dérangera pas longtemps, madame, le temps de montrer l'endroit à mon chef opérateur. »

Puis, Gérard se retourna vers moi :

« Quand la séquence va démarrer, toi, Pierre, tu te mettras... là ! » et il posa la main sur la cuisinière.

Curieusement, c'est d'abord l'odeur qui me surprit. Une odeur féroce de cochon grillé... puis vint le cri. Un cri de cochon qu'on égorge. La fermière, visiblement habituée aux cris d'animaux, pensa juste qu'on n'avait pas idée, aussi, de poser la main sur une plaque brûlante. Mais il faut dire que pour Gérard, tout est décor. La vie est un décor. Tout est affaire de décor. Et dans ces conditions, une cuisinière qui chauffe est une incongruité.

J'appelai le premier assistant pour qu'il appelle le deuxième. Ce dernier arriva très vite, sa boîte à pharmacie sous le bras. Il ne la quittait plus, c'était un ordre de la production. Il la connaissait désormais par cœur, sa boîte, et sans hésitation, il couvrit la main de Gérard de pommades et de bandages, en prenant soin toutefois de ne lui marcher ni sur le plâtre, ni sur la charentaise. Gérard put reprendre son travail, un peu diminué, mais le cœur léger. Il était hilare.

« Ah, me dit-il avec un sourire jovial, quand je pense que j'ai failli m'y asseoir ! C'est pas de la chance, ça ? »

Oh si, c'en était. Mais là où il n'en a pas eu, c'est avec le cheval.

On tournait dans une prairie. Une jeune comédienne devait s'approcher d'un cheval de labour, un beau gros percheron placide, visiblement assez imperméable aux fastes du septième art. Il regardait tout ce petit monde s'agiter, avec dans les yeux la vivacité d'un mérou à la retraite. Malgré l'inertie de la bête, notre comédienne en avait un peu peur. Comme toute bonne citadine, elle voyait sans doute pour la première fois un animal de ferme autrement qu'en photo ou en steak haché.

Avec un soupçon de condescendance, Gérard, amusé, lui dit :

« Regarde ! C'est gentil, un cheval ! »

Et pour la rassurer, il se colla à son encolure.

Ce qui est intéressant, dans les malheurs de Gérard, c'est leur diversité. Les signes annonciateurs ne sont jamais les mêmes, ce qui fait qu'on ne s'en lasse pas. Cette fois, ce n'était ni l'odeur ni les cris, c'était ses pieds. Nous les avons vus quitter le sol et battre la cadence dans une sorte de chassé-croisé digne de Nijinski. De ces entrechats sauvages, mes yeux remontèrent jusqu'au percheron. En un coup de mâchoire, le bon gros pépère l'avait fermement attrapé par l'épaule gauche et le soulevait comme une balle de foin. Un peu surpris toutefois de voir son ballot s'agiter en glapissant, l'animal lâcha prise... Gérard n'eut pas vraiment le temps de choisir entre son pied troué et sa cheville tordue ; il retomba comme il put, c'est-à-dire sur la tête, et commença, à grands cris, une nouvelle agonie.

Surentraîné, le deuxième assistant était déjà là ; la boîte ouverte aussi, mais à pharmacie, lui... À la fin du tournage, il ne savait toujours pas comment placer une caméra, mais pouvait en remontrer à n'importe quel interne des urgences.

Il va au bout, Gérard. S'il est « sous les feux de la rampe », c'est qu'il a reçu un projecteur sur la tête. S'il est « sur les rails », c'est qu'il a laissé traîner son pied sur le travelling à l'heure où passe la caméra. Il ne fait jamais les choses à moitié. Même en dehors du travail.

Prenez les sports d'hiver. Pour n'importe qui, une jambe cassée, c'est un mois de plâtre... Au pire, si c'est deux, on peut toujours négocier une remise de peine de trois semaines pour bonne conduite... avec une période de liberté surveillée, durant laquelle il faut se manifester régulièrement auprès des autorités avec son bulletin de santé... Lui, pas du tout. Vice de forme ? Sa tête de tibia ne revenait pas au médecin général ? Il a été défendu par un radiologue marron ? Allez savoir. Toujours est-il qu'il a pris six mois d'hôpital, fermes !

Le bon Dieu a de drôles d'idées. Pourquoi avoir jeté son dévolu sur lui, et lui avoir donné avec autant de constance son pépin quotidien... Pourquoi, surtout, ne pas en être resté là, plutôt que de lui jouer un aussi sale tour sur le tournage du *Coup du parapluie*...

À quelques jours du premier clap, l'acteur américain investi du rôle du tueur à gages (un rôle très conséquent) était hospitalisé. À ce surcroît d'inquiétude sont venus s'ajouter deux événements tragiques. Le décorateur et ami intime de Gérard mourut... juste avant que sa mère disparaisse.

J'ai eu l'honneur de la connaître. Une femme absolument merveilleuse qui fut la muse de grands musiciens, de peintres, douée d'une intelligence et d'un sens artistique sans égal. Et puis, surtout, elle était sa maman. Les liens qui les unissaient étaient particulièrement forts. Il était ivre de douleur.

Si Gérard avait su dispenser autant de joie, de rires, et de bonheur aux autres, c'est qu'il avait toujours porté cette joie en lui. Le malheur l'avait finalement rattrapé.

Il a pourtant tenu à ne manquer aucun jour de tournage, à continuer le film malgré tout. C'était pour lui un bras de fer quotidien entre l'accablement et sa joie de vivre. Il fallait le voir, assis dans son fauteuil, effondré, les yeux rouges, qui criait d'une voix morne : « Action »... « Coupez »... Moi je devais me prendre les pieds dans le tapis, glisser, tomber, vaudeviller, après quoi mon regard l'interrogeait pour avoir son approbation... Là, entre deux sanglots, l'œil à la dérive, et la commissure des lèvres désespérément horizontale, il me disait gentiment :

« C'était très drôle, j'ai bien ri... »

Bien sûr, sa gaieté a perdu quelques batailles, mais il a fini par gagner la guerre. Et non content de la gagner, il a continué à nous aider à le faire.

Dans ce combat quotidien, qui nous concerne tous, on a rarement l'occasion de croiser de tels généraux, de tels pourfendeurs de la morosité ambiante, héros d'une autre résistance. Gérard est de ceux-là. Tout le monde a vu ses films ; tout le monde a un peu de lui dans ses réserves de joie de vivre… Du coup, chaque fois que j'entends « La vie est belle », j'y vois un peu de Gérard Oury.

CHAPITRE XV

Pompiers, mon œil !

À deux cents mètres du studio d'Épinay, un barrage de flics m'obligea à stopper. Je me fendis, comme toujours dans ces cas-là, de mon sourire le plus innocent, voire le plus couillon. La maréchaussée aime à constater sa toute-puissance, et ça ne coûte rien de la satisfaire…

« J'ai fait quelque chose qui ne va pas, monsieur l'agent ? » dis-je en me réajustant l'auréole…

C'était peine perdue : il ne s'agissait pas d'un contrôle mais d'un vrai barrage, impossible de passer.

Comment ça, impossible ? Le professionnel que j'étais prit le dessus sur l'innocent que je prétendais être. Je rangeai donc mes attributs de couillon dans la boîte à gants pour répondre avec fermeté :

« Ah, je regrette, mais je dois impérativement aller au

studio… », et d'ajouter ce que je tenais pour le plus définitif des sésames :

« C'est pour un tournage… »

Le gendarme, pour qui visiblement ce n'était pas le cinéma qui allait empêcher la terre de tourner, me bâilla au visage :

« Alors allez-y à pied, il y a un incendie, toutes les voies sont bouchées. »

… Un incendie au studio…

Bien qu'un peu sous le choc de la nouvelle, je n'ai pas mis longtemps à me faire ma propre idée de la situation… Ces jours-ci, on devait tourner, pour *La carapate*, des séquences agitées : Mai 68, barricades d'étudiants déchaînés, cars de CRS, camions de pompiers, voitures en flammes, Gérard Oury… autant d'éléments difficiles à maîtriser. Surtout Gérard Oury. Rien d'étonnant, dans ces conditions, à ce que ça dérape…

Habitué à l'imprévu, c'est sans inquiétude particulière mais avec une certaine curiosité que je pénétrai, à pied, dans la cour centrale.

Là s'agitait une foule de gens surexcités. À gauche de la cour, le studio 3, le nôtre. En face, le studio 2, réservé au prochain *James Bond*. Ne me demandez pas lequel, je n'ai jamais été fou des « Bondieuseries ».

Contre toute attente, surtout connaissant Gérard

Oury, c'étaient les autres qui avaient pris feu. James Bond avait dû s'octroyer une petite avance, un avant-goût, une mise en bouche d'incendie avant l'arrivée du gros de la troupe américaine. Tous les Indiens vous le diront, c'est bien dans leurs manières : on brûle d'abord, on rase, et on arrive après.

Bien que déconcerté, je ne m'affolai pas pour autant : *a priori*, il n'y avait là rien d'insurmontable. Eh quoi, un incendie, ça arrive quand on manipule des éléments aussi dangereux. Et dans l'enceinte du studio, suffisamment à l'écart du reste du monde, rien n'est censé déborder du cadre du tournage. Il y a un feu, on l'éteint. Voilà…

… Si ce n'est que pour l'éteindre, on appelle qui ? Des pompiers. Or, des pompiers, notre film sur Mai 68 en était plein. Enfin, plein de figurants habillés en pompiers. Et rien ne ressemble plus à un vrai pompier qu'un faux pompier de cinéma, surtout quand le faux pompier s'affaire autour d'un faux feu, même contrôlé par de vrais spécialistes des effets spéciaux…

Alors maintenant, suivez-moi bien…

Les vrais CRS, les vrais pompiers, qu'est-ce qui les intéresse ? Le faux feu, bien sûr ! Avec les vrais acteurs : Victor Lanoux, Jean-Pierre Darras, ou moi…

Les faux pompiers, les faux CRS, figurants, qu'est-ce qui les intéresse ? Le vrai feu, bien sûr ! Avec une vraie tension dramatique, et des blessés peut-être, mais des vrais, qui saignent vrai, qui saignent juste !

Alors les faux pompiers, les nôtres, traversaient la cour pour aller voir le vrai feu, tandis que les vrais pompiers, les leurs, aussitôt arrivés sur les lieux du sinistre, la traversaient dans l'autre sens pour aller voir le faux feu et les vrais acteurs.

Et voilà nos assistants qui arpentaient la cour pour tenter de récupérer les troupes de figurants, tandis que le capitaine des pompiers venait chez nous récupérer les pompiers badauds qui demandaient des autographes autour du faux feu. Les assistants paniquaient…

« Toi, vite, on t'attend pour tourner la prise, et toi aussi ! Merde, vous charriez !

– Mais, monsieur, nous sommes les pompiers de la Ville de Paris, nous !

– Oh, pardon… »

… et le capitaine des pompiers aussi… :

« Qu'est-ce que vous foutez là, bordel ! Allez, vite, à vos postes !

– Mais je suis figurant, monsieur ! Pas pompier ! »

C'était l'anarchie ! Le chaos ! Le vrai feu, le faux feu, pas facile à débrouiller. Surtout dans un studio de cinéma où se confondent le besoin d'imaginaire, la fiction, et la réalité.

Là où l'affaire devint de plus en plus confuse, c'est quand un vrai pompier se brûla au bras en voulant dégager un faux pompier aux prises avec notre faux feu... Et soit dit en passant, un faux feu brûle autant qu'un vrai !

Dans la panique générale, Oury, qui avait tenu à poursuivre le tournage comme si de rien n'était, dut quand même tout arrêter et appeler des infirmiers.

Et le voilà s'égosillant pour qu'on vienne en aide aux vaillants vrais soldats du faux feu.

Aussitôt, comme à l'appel de « la voix de son maître », nos faux infirmiers bondirent, trop contents d'apparaître enfin à l'image... Ils coururent sur le plateau, et se mélangèrent maladroitement aux vrais infirmiers qui étaient déjà là, prompts à venir en aide aux sinistrés... Ces derniers ne savaient plus où donner de la plainte, et c'est seulement après de trop longues explications que nos faux infirmiers comprirent qu'ils devaient faire demi-tour... jusqu'à ce que les vrais infirmiers réalisent qu'ils n'avaient pas de brancards, pour les avoir laissés au studio 2, celui qui brûlait. Alors, voilà nos faux infirmiers qui rebroussent chemin pour prêter leurs faux brancards aux vrais médecins, et envoyer nos vrais blessés du faux feu à la vraie infirmerie.

« En fin de compte, nos destins sont complémentaires », me dit le capitaine des pompiers avec lequel je prenais une bière sans faux col au vrai café du studio.

« Vous, les acteurs, vous brûlez les planches, et nous, nous les éteignons…

– Oh, dis-je. Pas toujours. Certains acteurs les éteignent aussi…

– Qu'est-ce que vous croyez ! Nous aussi, nous avons bien des pompiers pyromanes… »

Et lui d'entamer un débat sur le vrai et le faux, avec pour toile de fond la panique générale.

Il n'avait pas l'air spécialement inquiet. Il avait dû en voir d'autres. Le quotidien d'un pompier repousse tous les jours les limites du vraisemblable, et il cherchait ailleurs un peu de vérité. Comme par exemple en partageant une bière avec un inconnu… même s'il est connu.

Après la dernière gorgée, je l'ai regardé partir. J'étais ému de le voir trimbaler nonchalamment sa silhouette de passager moustachu et clandestin à travers l'insupportable fracas alentour.

En le voyant comme ça, je me suis dit qu'il avait peut-être raison… Il n'est pas plus mal de se demander où sont le vrai et le faux avant de se mêler à l'agitation générale… Mais alors, qui va éteindre le feu ?… C'est un faux débat…

… C'est du moins ce qu'a eu l'air de me dire le barman, qui avait d'autres soucis…

« Et les bières ! C'est ki ki va payer ? »

… alors, comme pour lui reprocher de m'avoir tiré de mes réflexions, j'ai fouillé dans ma poche parmi mes accessoires de cinéma…

… et avec un sourire de vrai couillon, je lui ai donné un faux billet.

CHAPITRE XVI

Pourvu qu'on ait l'ivresse

J'en connais qui sautent à l'élastique, il y en a qui veulent battre des records de vitesse, il y en a qui s'aventurent dans des jungles hostiles… Moi, j'ai joué avec Depardieu.

Ah si… ça aussi, c'est un sport de l'extrême.

Il faut le surveiller comme le lait sur le feu, Depardieu… enfin, le lait… Quand on le voit comme ça, on peut se demander ce qu'on lui a mis dans le biberon.

Je dirais bien qu'il nous en a fait voir de toutes les couleurs, mais entre nous, c'était quand même surtout du rouge.

… On dira que c'est normal pour un vigneron, mais c'est quand même pas un vigneron normal… Lui, il arrose d'abord et c'est seulement après qu'il va planter ses motos…

Bref, il faut pas le quitter des yeux.

Une fois, on était allongés sous une voiture…

Non, pas au petit matin après une soirée débridée, mais dans un film. *Les Fugitifs.*

On était allongés sous la voiture parce que je venais d'attaquer une banque ; on était cernés par la police, je tenais Gérard sous la menace de mon pistolet, et après une fusillade, le dialogue s'engageait avec le commissaire :

« Je veux une voiture dans les plus brefs délais. »

On attendait tranquillement que le plan soit prêt. Je dis tranquillement, parce que sur un plan serré, fixe, avec une seule réplique, il ne pouvait pas nous arriver grand-chose…

Là, Gérard se met à me parler de ma péniche…

« Et ta péniche, elle est comment ?

– Ma péniche…

– C'est bien une péniche, ta péniche ?

– Oui, c'est une péniche.

– Et c'est chouette, ça, une péniche ?

– Ben oui, sinon, j'aurais pas de péniche. »

« Moteur ! Action »… Ça tire de partout, ça canarde, ça mitraille, impacts de balles sur la voiture, les pneus éclatent, elle s'affaisse, et je hurle :

« Je veux une PÉNICHE dans les plus brefs délais !

– Coupez !! »

Je suis sûr que ce salaud l'a fait exprès. Il adorait me déstabiliser, et avec moi, c'était facile... En plus, immobile, un revolver sur la tempe... je ne me suis pas méfié...

Évidemment, Veber arrive en hurlant. C'est un perfectionniste, Veber... un tatillon, un rigoureux, un prêtre... Pas question d'avoir autre chose que le son direct : donc, on la refait... Le temps de mettre une autre fusillade en place.

Gérard me dit :

« Attention... pas une péniche, une voiture... tu dis voiture, surtout. Pas péniche... »

Il est gentil, plein d'attention, ce salaud...

« Vas-y, répète : une voiture...

– ... voiture.

– C'est ça. Pas péniche.

– Non, pas péniche. »

Moteur, mitraille, impacts, re-pneus qui éclatent et voiture qui s'abaisse, et je hurle :

« Je veux une VOINICHE dans les plus brefs DELURES !

– Coupez ! »

Veber fonce sur nous... Je rentre la tête dans les épaules... mais bizarrement, il s'adresse à Gérard...

« Qu'est-ce qui lui prend ? Il a bu ? »

Et l'autre faux derche qui prend l'air soucieux en me regardant :

« Pas que je sache... »

… Malheureusement pour lui, ces quatre mots suffisent pour laisser s'exhaler une odeur de Ricard à couper au couteau. Une haleine diabolique, surhumaine. Je vous assure que ça mérite le détour… Le problème, c'est qu'il faut y être pour réaliser qu'il aurait mieux valu faire un détour. C'est quelque chose d'ahurissant.

Évidemment, tout le monde s'en rend compte, et je commence à sourire… il s'est trahi, la preuve est faite, je suis hors de cause, la vérité va éclater, et Veber aussi…

Surprise : c'est vers moi que Francis se tourne, furieux :

« J'en étais sûr ! Tu as bu !

– Moi ??

– Je sais que c'est toi, Gérard m'a fait le serment la semaine dernière de ne plus boire ! Tu vas me faire le même immédiatement ! »

J'aurais pu protester, mais je n'ai jamais été rapporteur… alors j'ai juré.

Et pour couronner le tout, Veber a dit à Gérard :

« Et surveille-le… » !

Me surveiller ! Moi !

Alors que franchement, on les connaît, les promesses de Depardieu !

C'est pas compliqué, quand il promet de ne plus boire, il a un coup de blues, et quand il a un coup de blues, il boit !

On le savait au moins depuis *La Chèvre*, ça… On craignait moins ses lendemains de cuite que ses lendemains de promesse.

La scène du bagagiste, par exemple, est mémorable : je viens de me faire casser la figure, et je rampe dans le hall de l'hôtel. Depardieu entre par la porte tournante, me ramasse, et appelle le bagagiste.

Simple, non ?… enfin, simple à jeun… et moi, je savais qu'il ne l'était pas. Quand il boit, il a les yeux qui se rapprochent insensiblement des ailes du nez… Eh bien, là, ils étaient carrément couchés dessus… Il était complètement groggy… Bon, moi, j'étais au courant parce que je commençais à le connaître, mais avec Veber, c'est un autre petit détail qui l'a trahi…

Oh, infime, le détail : à la première prise, il est entré dans la porte tournante, il a fait un tour complet, et on l'a retrouvé à me chercher au milieu de la rue.

Évidemment Veber était effondré, et on l'a refaite.

Action. Depardieu entre… Normal… et il me marche sur la main… Colossal…

Depardieu sur la main… vous pouvez imaginer ça ?

Et encore, Depardieu vide, je ne dis pas, mais plein !

Évidemment, j'ai hurlé.

« Ah, non ! tu vas pas t'y mettre aussi !

– C'est pas moi, c'est lui ! »

Et Gérard :

« Exgusez-moi, je zuis un peu fadigué.

– T'es fatigué comme un Polonais, oui ! Allez, on la refait ! »

Troisième prise. Là, miracle, il entre, me voit, me ramasse… Ça, c'est pas une demi-bouteille de rhum qui l'aurait empêché de me soulever, au contraire, ça le stabilisait… Bref, tout s'est bien passé. Par contre, on n'a jamais su qui il appelait…

« Bragrazich ! Barguaznich… »

À la fin de la journée, Veber a demandé à son assistant, Philippe, de nous surveiller…

Il l'a fait… Ça, il ne nous a pas quittés des yeux… et il s'est sans doute pris ses plus belles muflées d'assistant.

CHAPITRE XVII

Question de méthode

Vous avez déjà essayé de dormir sur une machine à laver en position essorage ? Non ? Alors vous n'imaginez pas ce que c'est de passer la nuit dans un Tupolev. Un Tupolev, c'est un de ces avions russes inventés avant l'aviation, et dont Mathusalem parlait déjà avec nostalgie.

Et pourtant ils volent. Un vol dont la fluidité n'est pas sans rappeler celle d'une mouche énervée autour d'une lampe à pétrole, fermement décidée à aller « en haut ou peut-être en bas, à moins qu'à droite, quoique non, tiens, à gauche c'est bien aussi… ».

Il est 3 heures du matin, et au bout de trois tentatives, nous nous posons enfin à côté d'une piste au cœur de la Géorgie. C'est là que doit commencer le tournage des *1001 recettes du cuisinier amoureux.*

Toute l'équipe est là, sans distinction, du producteur aux électros, du metteur en scène aux machinos. Ils sont tous venus me serrer dans leurs bras en attendant mes bagages. Pressé d'aller me coucher pour récupérer mes esprits après ce périple, j'hésite avant de commencer à embrasser tout le monde.

J'ai tort.

Le temps que les valises arrivent, j'aurais même pu leur trousser un petit compliment personnalisé en alexandrins, ainsi qu'à tous les passagers, à leur famille, et au personnel de bord.

En effet, je n'ai pas vu tout de suite ce qui se tramait derrière nous. Habitué à voir des bagages sur un tapis roulant, je n'ai pas fait le rapprochement avec le tas de sacs qui roulaient par terre. Ils sont jetés là, les uns sur les autres, jusqu'à former une montagne énorme. Il faudra plus d'une heure pour qu'une équipe de spéléologues revienne avec mes effets personnels reconstitués tant mal que bien…

« C'est toujours comme ça ?

– Non, là, ça va vite parce que c'est toi… »

Le convoi s'ébranle enfin vers 5 heures… Je m'apprête à profiter du trajet pour dormir un peu, prendre de l'avance en attendant l'hôtel…

Vous avez déjà essayé de dormir dans un Tupolev ? Oui ? Eh bien, vous n'imaginez toujours pas un trajet en camion sur les routes géorgiennes. Au début, on se demande si les roues sont crevées ; à la fin, on est sûr que les roues sont carrées. Les trous, encore, c'est pas grave. Si vous roulez à droite, et que vous tombez nez à nez avec un trou, vous le contournez en vous déportant sur la gauche. Si une voiture arrive en face, c'est pas grave non plus. Il y a de fortes chances pour qu'elle rencontre aussi un trou et qu'elle se déporte à son tour. La voiture d'en face se retrouve à droite pour éviter son trou de gauche, pendant que vous roulez à gauche pour éviter le trou de droite. Non, ce qui est plus embêtant, c'est les chars d'assaut… Eux, ils ne se déportent pas, même quand il y a des trous. Et puisqu'il est moins dangereux de se manger un trou que de se manger un char, on prenait les trous. On n'en a pas loupé un.

« Mais pourquoi il y a des trous ?

– C'est à cause des chars.

– Et pourquoi il y a des chars ?

– Ça ? C'est rien du tout, il y a juste eu un attentat contre le président. T'inquiète pas, on maîtrise. »

« On maîtrise »… C'est la première fois que j'entends cette phrase qui, prononcée par eux, a un je-ne-sais-quoi d'inquiétant. Les Géorgiens ne sont jamais aussi imprévisibles que quand ils maîtrisent la situation. Dans ce contexte et malgré la fatigue, impossible de trouver le sommeil. J'attends donc l'hôtel avec gourmandise.

La ribambelle de véhicules s'étire dans la nuit, brinquebale, hoquette et crapahute, pour s'arrêter une heure plus tard devant une auberge de campagne.

« Tu vas être content…

– C'est là que je dors ?

– Non, mais tu vas être content… »

À 6 heures du matin, un festin est organisé en mon honneur.

Effectivement, je suis content.

Ça boit, ça danse ; ça boit, ça chante ; ça boit, ça boit… et en ce qui me concerne, ça dort debout. Par courtoisie, je rejoins le chœur des voix slaves ; par élégance, je ne fais que semblant de chanter… je me dis qu'il va falloir que je me fasse de grosses provisions d'endurance.

C'est ce soir-là, enfin ce matin-là, que je fais la connaissance de Dabo et Bato.

« Dabo et Bato »… Vu d'ici, ça fait un peu penser aux clowns « Récho et Frigo », mais vu de près, ça fait surtout penser à appeler sa mère et à rédiger son testament. Ils seront mes deux gardes du corps pendant le tournage.

Un mètre quatre-vingt-dix et cent kilos. Ça, c'est les jambes. Si les moissonneuses-batteuses avaient des mains, c'est aux leurs qu'elles ressembleraient.

Ils sont svans. Les Svans sont originaires des régions montagneuses de la Géorgie qui jouxtent la Tchétchénie. Autant dire que ça ne rigole pas du côté de chez les Svans… Dans la caste guerrière, c'est l'aristocratie, le must, les patrons. Mon corps n'aura jamais été aussi bien gardé, et personne ne s'avisera de poser la main sur moi. Moi-même, j'en viendrais à demander l'autorisation pour me gratter.

Dès le lendemain, ils ne me lâchent plus. Ils me conduisent, me suivent, et me précèdent tout à la fois. Quand je vais dans ma chambre, ils dorment en bas de l'escalier. Quand je vais manger, ils s'assoient dans mon dos. Quand je m'éclipse quelques secondes aux toilettes du restaurant, je leur demande de se camper devant la porte… oui, parce que sinon, ils se camperaient derrière, à côté de moi.

Bref, c'est sûr, je ne risque rien… Mais au fond, sans eux, est-ce que je risquerais davantage ? Du fait de leur présence permanente, voilà que je me pose des questions qui ne m'auraient pas traversé l'esprit en temps normal… C'est toujours bizarre le déploiement ostensible de forces de l'ordre. Ça vous préserve de tout, même de la sérénité.

Évidemment, nous aurions pu faire connaissance, apprendre à nous apprécier, et finir par deviser gaiement de la météo du jour… mais non. Ils ne parlaient pas un mot de français, ni d'anglais, ni de rien d'ailleurs : qu'il pleuve, qu'il vente ou qu'il fasse beau, Dabo et Bato ne pipaient mot.

Alors on se souriait. On se souriait à longueur de journée. Je leur souriais, et ils me souriaient… Bref, nous nous souriions… Dit comme ça, ça a l'air un peu redondant, mais en réalité, c'était franchement répétitif.

Moi, je leur souriais pour leur dire :

« Je suis content que vous soyez là… »

… Et eux me souriaient pour me répondre :

« On est contents que tu sois content qu'on soit là »…

À l'usage, j'en suis même venu à mettre des nuances dans les sourires. En le forçant un peu dans les coins, j'arrivais à dire :

« Je suis content que vous soyez contents que je sois content que vous soyez là, mais parfois j'étouffe un peu et je serais encore plus content d'aller prendre l'air un peu tout seul »…

Ce à quoi ils ont très vite appris à me répondre, en laissant dépasser des canines qui auraient fait le bonheur des chasseurs d'ivoire :

« On se doute bien que tu es content qu'on soit contents que tu sois content qu'on soit là et que tu préférerais parfois qu'on ne le soit pas…

… Mais on a des ordres. »

Et comme j'ai compris assez vite qu'il ne fallait pas trop leur tirer sur la chevillette si je ne voulais pas recevoir un vol de bobinettes dans les gencives, ça s'arrêtait là…

Finalement, je me suis habitué à eux. J'ai fini par être touché de voir ces deux colosses se mettre en quatre pour me faire plaisir (et même en quatre, ça faisait encore quatre cents kilos de tendresse)… Mes « gorilles dans la brume » sont très vite devenus deux amours de Svans. Aussi, puisque l'équipe de tournage faisait des toasts à longueur de repas, (en Géorgie, pour avaler une bouchée entre deux toasts, il faut aller très vite), au bout de quelques jours, je me suis levé à mon tour pour prendre la parole en leur honneur.

Le producteur, qui était svan lui-même, leva alors sa carcasse surdimensionnée et referma sur moi ses énormes bras. La tête posée sur mon épaule, il réprima un sanglot, écrasa une larme et, dans l'élan, ma colonne vertébrale. Dès que mon coccyx a eu fini de jouer aux osselets avec mes cervicales, j'ai entendu le colosse me susurrer à l'oreille avec un sens de la démesure typiquement géorgien :

« Merci pour eux, dorénavant ils mourront pour toi si tu le leur demandes »…

J'avais une cyphose avant son étreinte. À sa sortie, c'était une lordose. Mais la vie était belle, j'étais adopté…

Bref, pour l'instant, nous sommes encore à une semaine du tournage. Je suis arrivé plus tôt pour avoir le temps de m'y préparer… Je demande donc le plan de travail. C'est un calendrier qui couvre toute la période du film en indiquant chaque jour les scènes à tourner. J'en ai particulièrement besoin puisque j'ai du texte en géorgien à apprendre, et que ça ne s'apprend pas la veille pour le lendemain.

« On te l'amène tout de suite. »

L'assistant, et c'est bien normal, ne conjuguait le français qu'à l'approximatif imparfait… avait-il mal compris la question ? L'expression « tout de suite » a-t-elle un sens différent en géorgien ? Toujours est-il que deux jours plus tard, je n'ai toujours rien reçu.

Quatre jours passent, je révise mes prétentions à la baisse.

« Donnez-moi seulement la première semaine… pour que je puisse travailler mon texte. »

Toujours rien.

La veille du tournage, j'en suis à mendier la faveur d'avoir au moins le plan de travail du premier jour… et c'est ainsi que le matin même, j'arrive au point de rendez-vous à 9 heures, pour tourner… mais pour tourner quoi ? L'angoisse m'étreint.

Heureusement, je suis vite rassuré : ils ne le savent pas non plus.

Je me retire donc avec Batman et Robin dans le bâtiment à côté. Dans un grand salon, je vois un immense fauteuil. C'est celui du tyran Béria. C'est ici qu'on lui soumettait les films pour qu'il décide ou non de leur diffusion. Il en censurait une large majorité, mais bizarrement laissait passer tous les miens. C'est à ce sale bonhomme que je dois ma popularité en Géorgie. Ce fauteuil me met évidemment mal à l'aise, et je vais chercher ailleurs un coin où me poser… J'en trouve finalement un qui me paraît idéal : le balcon.

De mon observatoire, je vois des gens s'agiter avec force moulinets de bras et de jambes. Je me fais violence, et décide de me contenter de cette activité pour me rassurer un peu. Pour passer le temps, je pose mon regard au hasard sur un groupe d'agités parmi les agités. Je les vois monter dans une voiture, tandis que d'autres descendent d'une camionnette. Et puis ceux de la camionnette s'en vont discuter avec ceux de la voiture. Alors ceux de la voiture descendent pour discuter avec ceux de la camionnette. Au bout d'un moment, ceux de la camionnette prennent place dans la voiture, et deviennent donc à leur tour « ceux de la voiture », puisqu'ils ne sont plus dans leur camionnette. La voiture démarre en trombe, s'arrête au bout de la rue et attend un peu… avant de revenir en marche arrière. Ils ont dû se rendre compte qu'ils n'étaient pas dans leur camionnette et, après réflexion, ont décidé de ramener la voiture.

À midi, personne n'a encore eu l'air de s'inquiéter de ma présence. Là, je commence à comprendre pourquoi j'attends le plan de travail depuis une semaine… je me tourne vers Dabo et Bato et leur adresse un sourire interrogatif et incrédule… Ils me répondent aussitôt, je vous le donne en mille, par un large sourire. « Bienvenue en Géorgie. »

Malgré ma bonne volonté, j'ai du mal à trouver un fil conducteur à cette agitation qui me remue plus qu'elle ne me ménage. Mais à ce stade-là, mes nerfs sont encore solides, et je veux croire en une organisation spécifique, à leur façon. Pourquoi pas, après tout, du moment qu'on progresse.

Et le problème est là : à 14 heures, il n'y a toujours que ma montre qui avance… Enfin, là-bas, au fond, je vois apparaître la metteur en scène, Nana Djordjaze. Je suis ému comme un enfant que sa maman vient chercher à la garderie. Je n'ai pas le temps de l'appeler, elle s'est déjà engouffrée dans une voiture. Elle parcourt les quelques mètres désormais rituels avant de faire marche arrière, comme tout le monde. Elle en ressort pour discuter avec le producteur, perché sur un balcon à côté du mien. Je ne comprends rien, mais finis par leur poser la question fatidique :

« Je vois des voitures qui partent dans tous les sens, mais personne n'est venu me chercher… on va où ? »

La réponse ne se fait pas attendre :

« Ici, pourquoi ? »

Je renonce à polémiquer dès le premier jour, et prends mon mal en patience… À 15 heures, je n'ai toujours tourné qu'en bourrique. J'ai finalement investi le salon, avec un jeu d'échecs et mon interprète.

Mais le plaisir du jeu ne pimente pas vraiment mon attente, pas moyen de perdre une partie : chaque fois que la main moite de ma partenaire s'approche d'une de mes pièces, on entend les grognements de Chouchou et Poulette.

16 heures.

Je décide d'aller voir dans le studio à tout hasard. Toute l'équipe s'affaire sur un plan de ma partenaire. Je suis un peu rassuré, il s'agit quand même d'un film. J'avais fini par en douter. Je m'adresse aux figurants qui attendent sagement dans un coin, et apprends que ce sont en fait des chanteurs de l'opéra de Tbilissi. Là, je ne sais pas ce qui m'a pris… un coup de folie, un moment d'inattention, je ne sais pas… En tout cas, je me suis entendu dire :

« Oh, comme c'est intéressant… » Aussitôt, je vois leurs yeux qui s'allument :

« Alors on va te chanter une chanson rien que pour toi.

– Dehors, alors… parce qu'il paraît qu'il y a un tournage, là…

– Non, non, ici, l'acoustique est meilleure. »

Et sans se préoccuper le moins du monde de ce qui nous entoure, ils laissent s'envoler de sublimes voix en polyphonie, d'une beauté confondante. Leur chant est bouleversant de douleur, de profondeur, d'émotion. Je nous sais en sursis. Je sais qu'on va bientôt les interrompre par le fameux « Silence on tourne »… alors je goûte chaque note comme si c'était la dernière. Et en effet, je vois très vite Nana foncer vers nous, prendre sa respiration et hurler :

« Silence, on chante ! »

« Silence on chante ? ! » J'ai bien entendu, là ? Apparemment, oui, puisque tout le monde interrompt ses activités et se tourne vers le septuor pour l'écouter avec retenue. À ce stade, un directeur de production français serait déjà terrassé par un infarctus. Le nôtre a attendu la fin de la mélopée pour se tourner vers moi les yeux écarquillés comme empreints de rosée matinale… et me dire :

« C'est beau, hein ? »

Qu'est-ce que vous voulez répondre à ça ? J'ai donc rassemblé des trésors de diplomatie et hasardé un :

« Quand même, vous avez vu l'heure ?…

– Oh, tu as raison ! Vite, vite ! Allons préparer la fête pour ton anniversaire ! »

Au cours de cette soirée mémorable, j'apprends enfin que je vais tourner le lendemain en extérieur. Tourner ! Je vais enfin tourner ! Tout à ma joie, j'oublie pourtant une notion importante : en studio, tout est plus confortable. On est au chaud, et on a tout à portée de la main… et c'est généralement toujours en extérieur que ça se corse…

Chez nous, on cherche les décors longtemps à l'avance. Eux, ils les cherchent longtemps aussi, mais en retard. Chez nous, quand on les trouve, on les retient pour la date de tournage. Eux, non seulement ils ne les retiennent pas mais en plus ils les oublient. Ça ne surprend donc personne que le metteur en scène en choisisse un autre, le jour même du tournage.

Le bon côté de cette méthode, c'est que le lieu est tout beau tout neuf, on n'en est pas lassés, puisqu'on le découvre tous ensemble… Oui, tous ensemble. Et c'est là le coup de génie de l'esprit géorgien : le gros avantage de trouver le décor en retard, c'est qu'on est plus nombreux à chercher des solutions aux problèmes qui ne se seraient pas posés si on l'avait trouvé en avance.

Le voilà le truc. C'est que les Géorgiens adorent les problèmes. C'est leur spécialité à eux. Comme il y a les Bêtises de Cambrai, il y a les problèmes géorgiens… Je n'avais encore rien vu.

Le matin du tournage, les voitures démarrent ; toute l'équipe est sur le pied de guerre, et monte au front la fleur à la caméra.

Soudain, après deux heures d'expédition, le convoi s'arrête… Bizarrement, personne ne descend de voiture. C'est là ou c'est pas là ? Je me retourne vers mes compagnons de route… Devinez qui… allez, je vous donne un indice. Ça va par deux et je les ai toujours entre les jambes : Dabo et Bato. Comme ils s'y connaissent autant en cinéma que moi dans la culture du navet au Béloutchistan oriental, ils me répondent par leur sourire habituel. Je commence à me tendre.

On aperçoit la première voiture, celle de la metteur en scène, qui entame un demi-tour maladroit. Il faut les comprendre. Les Géorgiens ne font jamais les choses à moitié, alors forcément, le demi-tour, ils n'ont pas l'habitude… La voiture commence à reculer et manque de justesse d'emboutir la deuxième. C'est pas grave, ce sera pour une autre fois. Elle repart en avant. Observant la manœuvre, la deuxième voiture comprend la situation. Elle entame donc aussi un demi-tour, se retrouve en travers de la route, et barre le chemin à la première. Klaxon. Pour libérer le passage, la deuxième voiture a une idée. Elle recule sur la troisième. Dieu merci, elle n'est plus là. Et vous savez où elle est, la troisième voiture ? En travers de la route, puisqu'elle a commencé aussi à manœuvrer… donnant du même coup le signal à la quatrième qui démarre aussi sec. La route est maintenant complètement bloquée devant nous. Heureusement, ça ne va pas durer : elle sera bientôt bloquée partout. L'information se répercute sur notre colonne de vingt-cinq voitures comme une lame de fond. Commence alors un numéro de foutoir en canon parfaitement orchestré, une symphonie de « pète-fumes ».

Le va-et-vient dans la cour du studio n'était donc qu'une mignardise, un petit avant-goût avant le plat de résistance. L'hégémonie géorgienne en matière de ballet automobile éclate sous mes yeux dans toute sa splendeur. Ils y sont imbattables. J'ai souvent vu des ballets russes, avec de sublimes danseuses, mais les ballets géorgiens, c'est quand même autre chose.

L'onde de choc parvient enfin à mon véhicule. À ce stade, je commence à bouillir. Tout m'énerve. Même le chauffeur commence à me chauffer. Là, je vois la voiture de Nana, la metteur en scène, qui s'extirpe de la masse de ferraille et nous croise à toute vitesse. Comme d'habitude, elle pile un peu plus loin et recule jusqu'à nous… Nous baissons nos vitres… Ça tombe bien, j'ai deux mots à lui dire !…

… Mais en un regard, elle a éteint ma rage sanguinaire : personne n'aurait résisté à la candeur avec laquelle elle m'a annoncé qu'elle s'était soudain souvenue « d'un joli petit coin de campagne, tellement plus charmant que celui vers lequel nous allions ».

Ce petit coin charmant, elle a mis deux heures à le trouver. Je dis bien « elle »… Nous, c'est encore autre chose. Eh oui, forcément, le temps que tout le monde ait repris la route, elle était déjà loin, et nul ne savait où. Alors, dès qu'une voiture tournait à droite ou à gauche d'une façon un peu moins hésitante que les autres, on y allait. Et on croisait d'autres voitures qui avaient déjà exploré le terrain et repartaient en sens inverse.

Enfin, nous trouvons un véhicule à l'allure carrément décidée. On le suit. Longtemps. Et c'est en rase campagne, sur un petit sentier aux contours incertains que notre « guide » s'arrête net. Je demande :

« C'est là ?

– C'est là quoi ?

– Qu'on tourne.

– On tourne quoi ?… »

C'était un convoi d'ouvriers maçons qui cherchaient leur chantier.

Finalement, les choses se remettent peu à peu en place, le groupe se reforme, et vient s'échouer en pleine montagne. Je regarde alentour, rien. Personne.

« Ben, où sont Nana et le reste de la troupe ?

– Je sais pas, mais c'est là… enfin par là… »

Et nous tous de hurler :

« Nana ! Nana ! Nana !

– Hou hou ! hou hou ! »

Vous avez entendu ? une réponse ! C'est vrai ! Elle est par là… mais où ? En montagne, il y a de l'écho. Le son tourne.

Pour l'instant, il est bien le seul.

Bato lève le bras vers le sommet. Méfiant, j'attends un peu pour être sûr qu'il n'est pas en train de s'étirer ou de montrer un joli nuage… Non, c'est bien ça. Il en est certain : ils sont en haut. Je vais chercher Dabo pour lui annoncer la nouvelle. Il me répond en pointant son doigt vers le bas avec la même détermination. Et toujours ce « hou hou ! hou hou ! » qui vient de partout et de nulle part.

Il faut se décider, on ne va pas rester là. Nous allons en bas. Le temps de descendre et de remonter, puisque c'était en haut, et nous retrouvons finalement Nana.

« Regarde, me dit-elle, comme c'est joli… »

C'est vrai que c'est joli. Un brouillard dense auréole arbres et bosquets de contours mystérieux ; cette touche d'irréel rendra encore plus belle la scène que nous allons tourner… peut-être. Eh oui, peut-être. Parce que non seulement il est tard, mais en plus, le temps de tout déballer, il risque de faire carrément nuit…

…Il faut dire que le Géorgien n'est pas un déballeur comme les autres. Normalement, descendre les affaires du camion, c'est moins pénible que les monter. En plus, déballer au sol, en vrac, demande en général moins de temps que remballer dans un ordre précis pour que tout rentre bien dans le camion… Eh bien, chez eux, non. Le Géorgien déballe lentement. C'est très spécial. J'ai souvent vu déballer « russe », c'est déjà énorme, mais « déballer » géorgien, c'est encore autre chose.

La seule explication rationnelle que j'ai trouvée – oui, je cherche encore des explications rationnelles… en même temps, je n'ai que ça à faire – est finalement très simple. « Déballer » c'est ce qu'on fait avant d'aller travailler *, tandis que « remballer », c'est ce qu'on fait avant d'aller manger. Ce qui explique le déséquilibre de leur motivation. Pendant ce temps, je regarde ma montre et perds peu à peu espoir d'entendre mon premier « action ».

Coup de chance, quand tout est déballé, il fait encore jour !

Enfin, je vais le tourner mon premier plan ! Je lève les bras au ciel comme pour le remercier de cette rapidité inespérée. Et c'est là, en position de Moïse, que je vois devant moi le brouillard se fendre en deux, et derrière le voile qui se lève, je vois une adorable petite usine de ciment !

Je suis sûr que c'est celle de mes ouvriers de tout à l'heure, qui ne la trouveront peut-être jamais.

Nana est effondrée. Je ne sais pas quoi lui dire.

« Tu l'avais pas vue, la dernière fois, cette usine ?

– Non, il y avait le brouillard…

– Mais alors, si je comprends bien, ce que tu cherchais, c'était pas un décor, c'était du brouillard !…

---

* L'emploi du terme « travailler » est évidemment une licence poétique, la notion de travail n'ayant définitivement pas de correspondance en géorgien.

– Tant pis, me dit-elle. On tournera plus tard… mais on ira dans un autre décor que j'ai vu avant-hier en cherchant le décor de demain. »

Et voilà le ballet géorgien qui se fend d'un nouveau tableau, en direction de l'hôtel. Je n'ai toujours pas tourné.

Pendant trois mois, j'ai navigué à vue entre fantaisie et stupéfaction. Malgré l'anarchie ambiante, je ne pouvais pas résister à leur gentillesse et leur générosité. Ils ne se sont jamais départis de ce surprenant dosage d'inattendu et d'improvisation. Oui, je sais, c'est un peu la même chose, mais c'est justement pour ça que le dosage est surprenant. Je dirais même que, finalement, c'est ce que j'ai aimé chez eux. Être toujours prêts à recevoir l'imprévu leur donne une inégalable aptitude au bonheur. Au bonheur de l'instant. Celui qu'on cueille au hasard d'une promenade, et tant pis s'il se fane le soir même, car ce fut un bel après-midi.

…

Au fait, pour la petite histoire… cette joyeuse anarchie finira quand même par donner un très joli film… nominé pour l'oscar du meilleur film étranger.

CHAPITRE XVIII

Burlesque and Co

Sur le tournage du *Distrait*, on avait une scène de rue, dans laquelle les acteurs devaient s'écraser des œufs sur la tête les uns les autres… Dans la foule des passants qui s'agglutinaient, forcément, on a vite repéré un type qui est resté là toute la journée, à nous regarder. Sans bouger. Du matin au soir. Même pendant la pause-déjeuner. À la fin de l'après-midi, il est parti, consterné, en nous disant… « Ben mon vieux, vous avez vraiment rien d'autre à foutre de la journée ! »…

La voilà notre réputation ! Être drôle ça ne peut pas être un métier !

Ma concierge ne manque pas une occasion de me le rappeler…

« J'ai vu Charlot, hier, c'est bébête ! Je préfère Navarro »… ou même :

« Mon fils a dû regarder un de vos films, depuis quelques jours, il arrête pas de faire le con »…

… Alors là, je dis stop ! C'est complètement injuste !… Parce que après tout, pourquoi un type qui dirait du Shakespeare serait plus comédien qu'un acteur burlesque ? Hein ?

Il ne faut pas croire ! Le burlesque, c'est pas seulement « paf-ouille-tagada-tsoin-tsoin », c'est d'abord le décalage. Le décalage entre la certitude et l'imprévu, le solennel et le trivial, le drôle et le triste… Bref, dans le burlesque, tout va par deux…

Prenez par exemple le ratage de marche… c'est un incontournable, une de nos figures imposées – avec la porte dans le nez et les pieds dans le tapis.

Eh bien, dans le ratage de marche, c'est pareil, tout va par deux.

D'abord, ça se joue en deux endroits : la tête et les jambes. Les jambes parce qu'il est difficile de monter un escalier avec la tête, et la tête parce qu'il est très dur de jouer la surprise avec les pieds…

En ce qui concerne les pieds, il y a deux options. La glissade ou le plein fouet.

– La glissade, c'est : « Je mets le pied, mais j'en-ai-pas-mis-assez-alors-ça-dérape. »

… Ou, si vous voulez, pour les tragicophiles, le pied que l'on pose dans une vie qu'on a mal mesurée… et qui dérape.

– Le plein fouet, c'est : « Je mets le pied mais j'en-ai-mis-trop-alors-il-s'écrase. »…

… Mais c'est aussi, quelque part, se jeter sur les murs comme pour les faire tomber… et s'y écraser.

De même, en ce qui concerne la tête, il y a encore deux options :

« J'ai vu l'escalier… mais je l'ai mal négocié », d'où glissade…

« Je n'ai pas vu l'escalier… mais lui, il m'avait repéré », d'où plein fouet.

Et attention, après l'impact, l'acteur burlesque se retrouve encore en face de deux interprétations possibles :

– démonstratif parce que ça fait quand même très très mal.

– retenu pour ne pas avoir l'air trop trop con.

Vous vous rendez compte du nombre d'options que l'acteur burlesque doit gérer avant même d'avoir ouvert la bouche ? Vous vous rendez compte de tout ce qu'il a déjà exprimé avant d'avoir prononcé un mot ?…

Avant le début du texte, le burlesque est déjà à fleur de peau, tandis que le classique n'est encore qu'un pot de fleurs. Le classique prend encore son élan quand le burlesque tutoie déjà les étoiles...

Et puis entre nous... Shakespeare... vous lui enlevez le texte, il reste quoi ? Rien ! Tandis que dans le burlesque, le simple choix des options du ratage de marche révèle déjà beaucoup du personnage. Et là encore, les gens mélangent tout alors que ça n'a rien à voir... c'est agaçant !

Si notre bonhomme n'a pas vu l'escalier, c'est qu'il est distrait, mais s'il a vu l'escalier et que la marche a cassé, c'est qu'il est malchanceux, ce qui n'a aucun rapport.

Là où c'est précis, c'est quand il a vu l'escalier et qu'il l'a mal négocié. Ça, c'est de la maladresse. Et la maladresse, ça demande beaucoup de dextérité. Eh oui.

C'est de la technique pure ! C'est pas à la portée du premier tragédien venu ! C'est pour ça que vous ne verrez jamais Laurence Olivier rater une marche... il serait ridicule ! Et franchement, il l'est déjà assez comme ça... il a des excuses, remarquez, parce que Shakespeare, il faut se le fader...

D'ailleurs, afin de mieux vous convaincre de la complexité de la maladresse, je vais prendre un autre exemple : la carafe.

Bien. Imaginons qu'une carafe soit posée sur la table, avec un verre.

Dans la scène que je suis en train de tourner, mon objectif est d'attraper mon verre, et de faire tomber la carafe par fausse inadvertance… en d'autres termes, de tendre le bras, voyez-vous, et d'accrocher la carafe en passant…

Si je suis vraiment maladroit dans la vie, quand je veux faire tomber la carafe, je n'y arrive pas. Je passe à côté… la carafe ne tombe pas… oh, le maladroit…

Donc, vous voyez bien à quel point il faut que je sois adroit dans la vie pour jouer les maladroits au cinéma… Mais attention ! Pas n'importe quel adroit ! Pas un adroit ordinaire. Eh non. L'adroit ordinaire, il va avoir tendance à en faire trop… il va s'appliquer ; il va guetter la carafe pour réussir à rater son geste… et on verra bien qu'il a fait exprès. Il aura donc raté son ratage, parce qu'il aura manqué de naturel… Et là, je voudrais pas avoir l'air de faire une fixette, mais c'est typique de Shakespeare, ça ! Il a franchement oublié d'être naturel…

Et le secret, il est là ! C'est le naturel ! C'est ni de faire exprès ni de ne pas faire exprès… Le secret, c'est de faire exprès de ne pas faire exprès sans en avoir l'air… ou de ne pas faire exprès, mais exprès, si vous préférez…

Bref, il faut que je sois adroit malgré moi… Il faut donc que je fasse appel à un sens plus aigu des choses… un rapport du corps à l'espace presque au-delà de l'intuition, une sorte de septième sens qui me permette d'appréhender la répartition géométrique de chaque élément de mon contexte, afin d'y évoluer avec précision. Ce sens supplémentaire que pourrait avoir un aveugle, par exemple, sauf qu'en plus, là, ce serait un aveugle qui regarderait ailleurs, voyez-vous. Et un aveugle qui regarde ailleurs, c'est comme un sourd avec une boule Quies. Il ne faut pas venir lui parler d'Hamlet et compagnie !

Mais la plus grande maladresse est sans doute celle avec laquelle je vous parle de tout ça. Loin de ces explications fumeuses, je voudrais n'y montrer que mon attachement indéfectible à cette discipline qui m'a donné tellement de bonheur.

… Parce que le burlesque, c'est pas seulement « pafouille-tagada-tsoin-tsoin. »

C'est d'abord le décalage…

C'est le petit bonhomme de Sempé dans un décor immense, c'est le regard du chat de Geluk sur le désordre des choses, c'est l'enfant qu'on est tous dans un monde de brutes…

C'est l'infinité de ce qui pourrait être, en face de la nullité de ce qui est…

Parce que la vie est ailleurs, et mon tailleur is rich…

Moi, j'aurais voulu être les petits pains de Chaplin, qui se changeaient en danseuses… j'aurais voulu être le chapeau de Buster Keaton, la harpe de Harpo, les jambes de Jerry Lewis ou de Jacques Tati…

… Mais je ne suis pas Chaplin… je ne suis pas Keaton…

Je sais seulement qu'« on ne peut pas approcher les grandes choses sans être un peu grandi soi-même »… et que c'est grâce à eux, que j'ai fait ce métier.

Parce que avec eux, on peut toucher cette expérience commune de la douleur du monde, mais dans un éclat de rire, comme ultime élégance, ne pas s'y brûler tout à fait… Et puisque avec l'humour, on ne touche le fond des choses que du bout des doigts, ce que je ressentais comme tout le monde, ils m'en ont parlé comme personne…

Depuis eux, je sais que le rire et le drame sont intimes… qu'il y a dans l'un et l'autre un bourreau et une victime… Être un héros de film burlesque, c'est trouver sa majuscule à l'ordinaire…

C'est être un peu plus comme les autres que les autres…

Table

L'HUMOUR
au cherche midi

COLLECTION
« LES PENSÉES »

Les Pensées
d'Alphonse Allais

Les Pensées d'Amadou

Les Pensées de José Artur

Pensées provisoirement définitives
d'Yvan Audouard

Pointes, piques et répliques
de Guy Bedos

Les Pensées
de Tristan Bernard

Pensées, répliques et anecdotes
de Francis Blanche

Pensées et répliques
de Bertrand Blier

Les Pensées des boulevardiers :
Alphonse Kart, Aurélien Scholl,
Georges Feydeau, Cami

Les Pensées
de Philippe Bouvard

Les Pensées d'Alfred Capus

Les Pensées de Cavanna

Pensées, répliques et anecdotes
de Claude Chabrol

Pensées et anecdotes
de Coluche
illustrées par Cabu, Gébé, Gotlib, Reiser,
Wolinski

Ça roule, ma poule !
Et vous trouvez ça drôle ?
de Coluche

Les Pensées de Courteline

Les Pensées de Pierre Dac

Arrière-pensées de Pierre Dac

Pensées et anecdotes de Dalí

Les Pensées de San-Antonio
de Frédéric Dard

Les Pensées de Jean Dutourd

Pensées et répliques
de Jacques Dutronc

Les Pensées
de Gustave Flaubert,
suivies du
Dictionnaire des idées reçues

Les Pensées d'Anatole France

Les Pensées d'André Frossard

Traits d'esprit
de Charles de Gaulle

Pensées, maximes et anecdotes
de Sacha Guitry

Pensées, répliques et anecdotes
des Marx Brothers

Portraits acides
et autres pensées édifiantes
de Philippe Meyer

Pensées, répliques et anecdotes
de François Mitterrand

Les Pensées de Pierre Perret

Les Pensées de Daniel Prévost

Les Pensées de Jules Renard

Pensées, répliques et portraits
de Rivarol

Pense-bêtes de Topor
illustré par lui-même

Vracs de Tomi Ungerer

Les Pensées d'Oscar Wilde

Les Pensées de Wolinski
illustrées par lui-même

Mes aveux de Wolinski

Pensées, répliques,
textes et anecdotes
de Jean Yanne

Je suis un être exquis
de Jean Yanne

DANS LA COLLECTION « LE SENS DE L'HUMOUR »
au cherche midi

Les Amuse-Bush
le Président vous parle

GUY BEDOS
Arrêtez le monde, je veux descendre

TRISTAN BERNARD
Dictionnaire humoristique de A à Z

JAN BLÈZE
Ça, c'est un comble alors !

PHILIPPE BOUVARD
Journal de Bouvard (1992-1996)
Journal de Bouvard (1997-2000)
Auto-psy d'un bon vivant
(journal 2000-2003)

JEAN-CLAUDE BRIALY
Les Répliques les plus drôles du cinéma

LAURENCE COCHET
Y a-t-il de la place pour deux
dans un couple ?

Pierre Dac
Les Meilleures Petites Annonces
de l'Os à moelle
Essais, maximes et conférences

Patrice Delbourg
Demandez nos calembours
demandez nos exquis mots
Lanterne rouge

Dieudonné
Lettres d'insulte

Pierre Drachline
Dictionnaire humoristique
des surréalistes et des dadaïstes
Le Grand Livre de la méchanceté

Jacques Frexinos
Le Petit Dictionnaire
de l'humour médical

Philippe Héraclès
Le Grand Livre de l'humour noir
Illustrations de Kerleroux
Le Petit Livre de l'humour noir
Éternellement vôtre

Les Monty Python
Le Grand Livre des Monty Python

Popeck
On n'est pas des sauvages

Daniel Prévost
Un couple de notre temps

Luis Rego
C'est à ceux qu'on aime
qu'on ment le plus

Philippe Val
Allez-y, vous n'en reviendrez pas
Allez-y, vous n'en reviendrez pas,
la suite
Fin de siècle en solde

Wolinski
La Morale

« LA BIBLIOTHÈQUE DU DESSINATEUR »

Petite Encyclopédie
du dessin drôle
Préface de François Caradec

Blachon
Rugby d'avant et d'après
Enfin seuls !

Bosc
Dessins inédits
Préface de Wolinski

Cabu
Les nouveaux beaufs sont arrivés
Préface de Cavanna

Grossesse nerveuse
Préface de Philippe Val

Duo à l'Élysée
Les Dessins les plus drôles
L'Étranger de Cabu

Chaval
Faites des économies
Les Cent Meilleurs Dessins
Chaval inconnu

Dubout
Le Mariage

Gébé
Anarchie douce,
Dessins et textes

J. Gourmelin
Instants d'espace
À la mémoire de l'humanité

Jean Hin
Ti Mimite le petit chat

Kerleroux
L'homme qui a vu l'homme

Mose
Mose à la mer
Le golf de Mose

Piem
Les Mordus du tennis
Les Mordus de l'automobile
Les Mordus du ski
Les Mordus du foot
Petits-Enfants, Grands-Parents mode d'emploi
Enfants, Parents, mode d'emploi
Au revoir et encore merci
Dieu et vous
Les Gendarmes
L'École
Les Accros du portable
Vive la retraite !

Ronald Searle
Le monde de Ronald Searle
Siné sème sa zone
Les Chats

Soulas
Vieux, c'est mieux

Tetsu
La vie à deux

Trez
Les Idées Trez noires
(Prix de l'humour noir)

Tomi Ungerer
Les Chats

Voutch
Le Grand Tourbillon de la vie
Le pire n'est même pas certain
L'Amour triomphe toujours
Personne n'est tout blanc

Wolinski
Les Droits de la femme (et de l'homme)

COLLECTION
« RIRE ET CHANSONS »

Les Meilleures Histoires drôles de Rire et Chansons
Les Interdits d'antenne de Rire et Chansons
Les Histoires inédites de Rire et Chansons

Cet ouvrage a été transcodé et achevé d'imprimer sur Roto-Page
par l'Imprimerie Floch (Mayenne) en septembre 2003.
Dépôt légal : octobre 2003.
N° d'édition : 106 – N° d'impression : 57658.
ISBN : 2-74910-106-9
Imprimé en France